KURZE EINFÜHRUNGEN
IN DIE GERMANISTISCHE LINGUISTIK

Band 14

Herausgegeben von
Jörg Meibauer
und
Markus Steinbach

MARIA AVERINTSEVA-KLISCH

Text-kohärenz

Universitätsverlag
WINTER
Heidelberg

Bibliografische Information der Deutschen Nationalbibliothek
Die Deutsche Nationalbibliothek verzeichnet diese Publikation in der Deutschen Nationalbibliografie; detaillierte bibliografische Daten sind im Internet über *http://dnb.d-nb.de* abrufbar.

ISBN 978-3-8253-6156-3

Imprimé en Allemagne · Printed in Germany
Druck: Memminger MedienCentrum, 87700 Memmingen

Gedruckt auf umweltfreundlichem, chlorfrei gebleichtem und alterungsbeständigem Papier

Den Verlag erreichen Sie im Internet unter:
www.winter-verlag.de

www.kegli-online.de

Vorwort

In unserem heutigen Leben haben wir es ständig mit Texten zu tun: Schon beim Frühstück lesen wir einen Zeitungsartikel, hören uns einen Kommentar im Radio an oder schreiben schnell eine SMS oder einen Einkaufszettel. Auch im weiteren Tagesverlauf umgeben uns Texte, privat und beruflich – Texte unterschiedlichster Arten und in verschiedenen Medien; ständig müssen wir Texte rezipieren oder selbst produzieren. Ganz klar, dass Texte auch die zentrale Lehr- und Lerngröße im schulischen Deutschunterricht sind. Der Bildungsplan Deutsch für Gymnasium (Baden Württemberg) hebt dabei die Rolle des Umgangs mit Texten bei der „ganzheitlichen Persönlichkeitsbildung" hervor.

Allerdings werden Texte im schulischen Unterricht in erster Linie als literarische Texte verstanden; deren Besonderheiten sind es, die erörtert werden. Eine viel grundlegendere Frage – was ist es eigentlich, was Texte egal welcher Art zusammenhängend, kohärent, macht? – bleibt dabei außen vor. In dieser Einführung wird dieser Frage nachgegangen, und zwar aus der Perspektive der Linguistik: Die sprachliche Struktur der Texte wird besonders unter die Lupe genommen. Mein Anliegen dabei ist, die weitgehend vortheoretische Beschreibung dieser sprachlichen Textstruktur mit der Kurzvorstellung einiger aktuell besonders einflussreicher formaler Theorien der Textstruktur zu kombinieren.

Die Fragen, die diese Einführung stellt, sind somit zweierlei:
(i) Was kann die Linguistik dazu beitragen, die Merkmale kohärenter Texte und die sprachlichen Mittel zur Kohärenzherstellung zu beschreiben? Anders gefragt: Was ist es, sprach(wissenschaft)lich gesehen, was Texte ausmacht? Zu diesem Zweck wird ein Überblick über die sprachlichen Möglichkeiten des Deutschen, Kohärenz zu markieren, gegeben, allem voran die Konnektoren wie *weil*, *aber* und *trotzdem* und die Verweisformen (Anaphern) wie *er*, *das* und *dieser Text.* Dieser Überblick ist relativ theorieneutral. Allerdings ist die Beschreibung durchgehend kognitiv orientiert: Sie geschieht unter der Prämisse, dass ein Text in erster Linie für seinen Autor und seinen Leser kohärent ist, und die Kohärenz in diesem Sinne ein Prozess ist, welches zu einem bestimmten Ergebnis, einem kohärenten Text, führt.

Dabei wird in den Kapiteln 1 und 2 erst ein Überblick über Texte und deren Eigenschaften sowie über die Kohärenz und deren sprachliche Unterstützung, die Kohäsion, gegeben. Kapitel 3 und 4 befassen sich mit Konnektoren und Relationen, die sie ausdrücken (relationale Kohärenz), und Kapitel 5 und 6 mit Bezugnahme auf Personen und Objekte in Texten, d.h. Anaphern und referenzieller Kohärenz.

(ii) Wie kann die Kohärenz mit den Begrifflichkeiten und Methoden der Sprachwissenschaft möglichst exakt modelliert werden? In den Kapiteln 7-9 werden einige ausgewählte Theorien, welche die davor beschriebenen sprachlichen Phänomene und deren Beitrag zu Textkohärenz zum Gegenstand haben, kurz vorgestellt. Dabei geht es einerseits darum, einen exemplarischen Einblick in die linguistische Theoriebildung zu geben, und andererseits eine erste Einführung in die konkreten aktuellen Ansätze zu geben.

Bei der Auswahl der Theorien habe ich mich bewusst für die semantischen propositionsbasierten Modelle entschieden, da diese am stärksten die Besonderheiten der sprachlichen Kommunikation im Blick haben und die Schnittstelle zur Grammatikbeschreibung bei denen am größten ist. Damit bleiben in dieser Einführung die eher kommunikations- und handlungsbasierten Ansätze der Textanalyse unberücksichtigt; einen Überblick über diese findet man in Hartung (2000), eine handlungsorientierte Einführung bietet Sandig (2006). Selbstverständlich erhebt meine Darstellung keinen Anspruch auf Vollständigkeit (auch für die semantischen Ansätze), ist die Auswahl der besprochenen Themen und Theorien doch durch meine persönlichen Interessen und mein Unterrichtsumfeld geprägt.

Vom Herzen bedanken möchte ich mich bei den KEGLI-Herausgebern Jörg Meibauer und Markus Steinbach für die Aufnahme in die Reihe und für ihr aufmerksames, ausführliches und konstruktives Feedback zum Manuskript. Ein großer Dank gilt Claudia Maienborn für die Lektüre und das Kommentieren der ersten Manuskriptversion. Ohne ihre Aufmunterung einerseits und ihre präzisen, kritischen und sehr hilfreichen Kommentare und Vorschläge andererseits wäre dieses Buch vermutlich nie fertig geworden. Für das Einführen in die Welt der Textlinguistik danke ich Manfred Consten. Meinem Mann danke ich für die Motivation und die stete Unterstützung.

Inhaltsverzeichnis

1. Einleitung: Was ist ein Text?

Selbstverständlich und ohne nachzudenken reden wir im Alltag von Texten: Von denen, die im Deutschunterricht gelesen werden, aber auch vom Text des Lieblingssongs. Werbesprüche werden getextet, seine Grußkarten kann man selbst betexten oder mit einem fertigen Text kaufen, und manchmal wird man auch einfach zugetextet. Doch was sind Texte eigentlich? Wieso und woran erkennt man bestimmte Sprachprodukte als Texte?

1.1 Textdefinition aus der Satzperspektive

Das Wort *Text* stammt vom Lateinischen *textus* (Partizip Perfekt von *texere*): „Geflochtenes“, „Gewebe“; dieselbe Wurzel kommt im Wort *Textil* vor. Man kann in erster Näherung also festhalten: Ein Text ist ein Gewebe aus sprachlichen Zeichen. Dies wäre eine Charakterisierung, die hauptsächlich auf die Form eines Texts, das, woraus ein Text besteht, ausgerichtet ist.

Es ist schnell klar, dass es sich bei Texten nicht um ein Gewebe aus Wörtern handelt, sondern um Kombinationen aus größeren Einheiten, vgl. (1), das wir kaum als einen Text betrachten würden, vs. (2), wo Wortgruppen (sog. Phrasen) wie *der Gipfel des Berges* oder *im Abendsonnenschein* erst zu Sätzen wie *Der Gipfel des Berges funkelt im Abendsonnenschein* zusammengesetzt werden, und daraus ein Text „geflochten“ wird:

(1) und die kühl es dunkelt ist und Luft und Rhein der Abendsonnenschein fließt Gipfel der

(2) Die Luft ist kühl, und es dunkelt,
Und ruhig fließet der Rhein.
Der Gipfel des Berges funkelt
Im Abendsonnenschein. (Heinrich Heine, Loreley)

Diese Sichtweise auf den Text erfolgt aus der Perspektive des Satzes: Es sind Sätze, die zu einem Text zusammengefügt werden, und um zu wissen, was einen Text ausmacht, gilt es, die Regeln und die Muster, nach denen dies passiert, zu bestimmen. In Anbetracht von (1) vs. (2) erwarten wir, dass es wohlgeformte, grammatische Sätze sein müssen, die wir kombinieren. Darüber hinaus müssen diese Sätze inhaltlich zusammenhängen, und dieser inhaltliche Zusammenhang sollte durch bestimmte sprachliche Mittel unterstützt werden, damit wir einen guten Text erhalten. So verbindet die Konjunktion *und* in (2) die Sätze eins und zwei sowie zwei und drei miteinander, und unterstützt den inhaltlichen Zusammenhang zwischen den Beschreibungen von drei Naturzuständen. Den inhaltlichen Zusammenhang im Text nennt man **Kohärenz**, die Verknüpfung der Sätze mit sprachlichen Mitteln **Kohäsion**.

Ist die Kohärenz nicht gegeben, wie in (3), kann eine Abfolge grammatisch korrekter Sätze kaum als ein Text beurteilt werden.

Problematisch ist jedoch, dass wir (4) als einen Text erkennen, obwohl man hier kaum von einem kohärenten Geflecht aus sinnvollen und/oder grammatischen kohäsiv miteinander verbundenen Sätzen reden kann:

(3) Es ist Sommer. Die Aktienkurse steigen. Paul grinst. Äpfel sind Obst.

(4) Die Steine feinden
Fenster grinst Verrat
Äste würgen
Berge Sträucher blättern raschlig
Gellen
Tod. (August Stramm, Patrouille)

Offenbar reicht es, um (4) als einen Text zu erkennen, dass wir Folgendes wissen: Eine bestimmte, hier verwendete, Zeilenform ist typisch für eine bestimmte Textsorte, und zwar für ein Gedicht; für Gedichte wiederum können bestimmte grammatische Regeln und Ansprüche an alltägliche Sinnhaftigkeit gelockert werden. Darüber hinaus ergibt das Ganze hier trotz der Sinnlosigkeit einzelner Sätze (oder Satzteile) durchaus eine Art Sinn, denn es wird durchweg ein düsteres, leicht surreales Bild evoziert.

Ebenfalls problematisch für die Sicht auf einen Text als ein Geflecht aus Sätzen ist die Tatsache, dass unter Umständen eine einzelne Äußerung auch ein Text sein kann: Was wäre auch ein Klebezettel *Komme gleich wieder* an einer Bürotür, wenn nicht ein Text?

1.2 Funktionale Textdefinition

Offensichtlich kann also allein auf der Basis formaler Kriterien keine umfassende Textdefinition erfolgen. Deswegen wurde eine **funktionale Textdefinition** vorgeschlagen, wonach ein Text in erster Linie eine **Kommunikationseinheit** ist (siehe Heinemann/Heinemann 2002: Kap. 2). Da das Gedicht als eine Kommunikationseinheit gedacht ist – welche in erster Linie dem Leser einen bestimmten ästhetischen Eindruck vermittelt – können wir es als einen Text auffassen, auch wenn wir hier nicht unbedingt von einem Geflecht aus wohlgeformten Sätzen reden können. Dasselbe gilt für die Klebezettel-Nachricht (wobei hier die kommunikative Funktion naturgemäß eine andere ist).

Diese Definition hat den Vorteil, dass sie nicht ausschließlich auf die sprachlich-formale Seite der Texte ausgerichtet ist, und dadurch auch intermediale Texte wie (5a) erfassen kann. Hier ist die Beschaffenheit des Schildes mitsamt dem Bild der Kinder ein wesentlicher Bestandteil des Ganzen:

(5) a.

(ein Spielplatz-Warnschild)

b

(ein StVO-Schild)

Allerdings stellt sich dann die Frage, ob z.B. ein Bild völlig ohne sprachliche Bestandteile wie (5b) auch als Text zu verstehen wäre. Eine kommunikative Einheit ist dieses Verkehrsschild sicherlich, teilt es doch einem Autofahrer mit, dass es sich bei der Straße vorne um eine Sackgasse handelt. Wir würden aber bei (5b) nicht von einem Text sprechen wollen, denn zum Text gehört ein wesentlicher Anteil an sprachlichen Zeichen. Eine optimale Definition von Text sollte deswegen den formalen und den funktionalen Aspekt kombinieren (vgl. Gansel/Jürgens 2009: Kap. 2).

In diesem Sinne kann man Texte als inhaltlich zusammenhängende sprachliche Gebilde mit kommunikativer Funktion betrachten. Nach dieser Definition können Texte verschiedensten Gattungen (**Textsorten**; siehe Gansel/Jürgens (2009: Kap. 3)) angehören, monologisch oder dialogisch sein, intermediale Komponenten beinhalten, schriftlich oder mündlich sein. Wir werden uns aber vorrangig auf geschriebene oder zumindest verschriftlichte Texte konzentrieren, da diese traditionell den Gegenstand der (Text)Linguistik bilden. Hierzu sei noch angemerkt, dass – da diese Einführung nicht speziell auf die textsorten- und textmedienbedingte Unterschiede eingeht, sondern sich darauf konzentriert, was allen Texten gemeinsam ist – im Weiteren die Begriffe *Sprecher*, *Autor* und *Textproduzent* sowie *Hörer*, *Leser* und *Textrezipient* synonym gebraucht werden. Ebenfalls gleichbedeutend werden *Text* und der aus der englischsprachigen Tradition kommende Terminus *Diskurs* verwendet.

Eine integrative formal-funktionale Textdefinition schlagen de Beaugrande und Dressler in ihrer Textlinguistik-Einführung von 1981 vor, indem sie sieben Kriterien bestimmen, nach welchen Texte definiert werden können.

1.3 Textualitätskriterien nach de Beaugrande/Dressler (1981)

Der bis heute noch einflussreiche Vorschlag von de Beaugrande und Dressler lautet, einen Text als eine „kommunikative Okkurenz", d.h. eine Einheit der sprachlichen Kommunikation, welche sieben **Textualitätskriterien** zu erfüllen hat, zu definieren. Die ersten zwei dieser Kriterien haben wir bereits kennengelernt:

1. **Kohäsion**: die Verknüpfung der Komponenten der Textoberfläche mit Hilfe von grammatischen und lexikalischen Mitteln.

(6) Mein Patenkind heißt Tim. Er lebt in Berlin und geht in die erste Klasse.

So wirken in (6) das Pronomen *er*, welches sich auf Tim zurück bezieht, und die Konjunktion *und*, welche die Teilsätze in zweiten Satz verbindet, als Kohäsionsmittel. Außerdem ist (6) durchgehend in Präsens gehalten, was ebenfalls verknüpfend wirkt.

2. **Kohärenz**: inhaltlicher Zusammenhang im Text.

(7) a. Peter stolperte. Die Schwelle war im Dunkeln kaum zu erkennen.
b. Peter stolperte. Dies geschah, weil die Schwelle im Dunkeln kaum zu erkennen war.
c. #Peter stolperte. Dies geschah, weil er zum Frühstück ein gekochtes Ei gegessen hat.

Die Minitexte in (7a) und (7b) sind beide kohärent: Man erkennt den kausalen Zusammenhang zwischen dem Stolpern und der schlechten Sichtbarkeit der Schwelle, unabhängig davon, ob die Kohärenz mit Kohäsion einher geht, wie in (7b), wo die kausale Verknüpfung explizit durch *weil* markiert ist, oder ob der Zusammenhang implizit bleibt, wie in (7a). Die Satzabfolge (7c) hingegen ist kein Text, auch wenn sie Kohäsionsmittel beinhaltet, da sie im Einklang mit unserem Alltagswissen (und ohne weitere Annahmen über Peters Eigenheiten) inkohärent ist. Inkohärenz wird hier und im Weiteren durch das Rautezeichen (#) markiert. Kohäsion ist somit weder notwendig noch hinreichend für die Kohärenz (siehe auch Kapitel 2).

Wir können festhalten, dass Kohärenz somit das grundlegende, das definitorische Merkmal eines Texts ist. Es ist auch mehrfach nachgewiesen worden, dass wir als Leser grundsätzlich dazu neigen, Kohärenz in einer als Text präsentierten Abfolge von Sätzen oder Phrasen herzustellen (wie beim Gedicht (4) oben; vgl. Rickheit 1991: Kap. 2). In diesem Zusammenhang stellt sich die Frage, ob Kohärenz eine Eigenschaft des Texts ist (wovon wir bisher implizit ausgegangen sind), oder ob es ein Textrezipient ist, der aktiv, wenn auch meist unbewusst, eine kohärente Textstruktur aufbaut. Die heutige Textlinguistik vertritt mehrheitlich die Perspektive der Kognitionspsychologie, dass Letzteres der Fall ist: Wenn ich als Leser eine Abfolge sprachlicher Zeichen so interpretieren kann, dass diese für mich sinnvoll und zusammenhängend ist, so ist sie – für mich – kohärent und somit ein Text (für einen anderen Leser kann sie zusammenhangslos bleiben); siehe auch Rickheit/Schade (2000). Die Kohärenz (genauer, dass der Rezipient die Kohärenz herstellen kann) scheint somit die Grundeigenschaft eines Texts zu sein, weswegen sie auch den zentralen Gegenstand dieser Einführung bildet.

Weitere Kriterien lauten: **Intentionalität**: Texte werden immer mit einer bestimmten Absicht produziert; **Akzeptabilität**: Der Leser erwartet einen kohäsiven und kohärenten Text; **Informativität**: Jeder Text ist informativ, er enthält nicht vorhersagbare Anteile; **Situationalität**: Ein Text ist für eine bestimmte Situation konzipiert und für diese auch relevant; **Intertextualität**: Ein Text hat grundlegenden Bezug auf andere, vorher produzierte, Texte (vgl. de Beaugrande/Dressler 1981: 8-13). Diese Kriterien können am Beispiel von (8) verdeutlicht werden:

(8) Inhalt der Packung in 500 ml kochendes Wasser einrühren. Von der Kochstelle nehmen und kurz kräftig durchrühren. Abkühlen lassen.

(8) lässt die Absicht erkennen, eine Kochanweisung für den Inhalt der Packung, auf der dieser Text aufgedruckt ist, zu geben. Der Text teilt dem Leser die Zubereitungsweise mit, die er vorher nicht unbedingt gewusst hat. (8) ist durchaus wohlgeformt, vorausgesetzt der Leser erkennt ihn als eine Kochanweisung mit bestimmten für diese Textsorte üblichen Merkmalen – d.h. durch den Bezug auf andere Kochanweisungen und Rezepte.

Zusammenfassend stellen de Beaugrande/Dressler (1981: 3) fest: „Wenn irgendeines dieser Kriterien als nicht erfüllt betrachtet wird, so gilt der Text nicht als kommunikativ. Daher werden nicht-kommunikative Texte als Nicht-Texte behandelt".

Es fällt auf, dass die Kriterien heterogen sind (darauf weisen auch de Beagrande und Dressler hin): Kohärenz und Kohäsion befassen sich in erster Linie mit dem Text selbst. Intentionalität ist eher autorbezogen, während Akzeptabilität und Informativität stärker den Leser-Blickpunkt einnehmen. Die beiden letzten Kriterien, Situationalität und Intertextualität, zielen auf die Interaktion zwischen dem Autor und dem Leser ab und setzen ein gemeinsames kulturelles Wissen bei beiden voraus.

Der Ansatz von de Beaugrande und Dressler hat zwei unbestreitbare Vorteile: Erstens hebt er die kommunikative Funktion eines Texts hervor, und zweitens können, gerade durch den heterogenen Charakter der Kriterien bedingt, verschiedene Aspekte eines Texts (inklusive Autor und Leser und deren Zusammenarbeit bei der Textproduktion und -interpretation) erfasst werden.

Dieser Ansatz kann jedoch auch, zum Teil aus denselben Gründen, kritisiert werden. Zum einen wird der sehr heterogene Charakter der Textualitätskriterien und deren Abhängigkeit von der Art des Texts kritisiert. Je nach Textsorte sind manche Textualitätskriterien anwendbar und andere nicht oder nur auf eine andere Weise. So sind unsere Anforderungen an Akzeptabilität bei einem Zeitungsessay andere als bei einer privaten Email, wo wir z.B. durchgehende Kleinschreibung und unvollständige Sätze dulden würden. Zum anderen wird kritisch angemerkt, dass es nicht klar ist, was eigentlich ein „nicht-kommunikativer Nicht-Text“ sein soll, welcher laut der Definition bei der Nicht-Einhaltung eines der Kriterien vorliegt. Zur Kritik am Textualitätskriterienansatz vgl. Gansel/Jürgens (2009).

Trotz dieser Nachteile der Textdefinition über die sieben Textualitätskriterien können wir zweierlei von diesem Ansatz übernehmen: Erstens, dass eine optimale Definition von Text den formalen und den funktionalen Aspekt kombiniert, und zweitens, dass **Texte als kohärente sprachliche Gebilde mit kommunikativer Funktion** zu betrachten sind.

In diesem Sinne wird die vorliegende Einführung einen besonderen Schwerpunkt auf Kohärenz als definitorische Eigenschaft von Texten legen, und dabei, je nach konkretem Anliegen, zwei Wege gehen. Zum einen den an dem formalen Ansatz orientierten Weg „vom Satz zum Text“, wobei wir den inhaltlichen und sprachlich ausgedrückten Zusammenhang zweier benachbarter Sätze eines Texts untersuchen werden, in anderen Worten die Kohäsion und die **lokale Kohärenz** in einem Textabschnitt. Zum anderen werden wir den Weg „vom Text zum Satz“ gehen, welcher auf der Erkenntnis basiert, dass der Text eine eigenständige funktionale (und eventuell auch formale) Größe ist. Die Fragen, die hier gestellt werden, sind die Fragen nach Textthemen und dem inhaltlichen Zusammenhang im ganzen Text, d.h. nach der **globalen Kohärenz**.

Aufgabe: Überprüfen Sie, inwiefern der folgende Text allen sieben Textualitätskriterien entspricht:

> Am frühen Sonntagmorgen hörte man direkt vor der Polizeiwache lautes Geschrei. Als die Polizisten nach dem Rechten schauten, sahen sie einen jungen Mann, der seine Ehefrau vom Fahrersitz zerrte. Die Frau wehrte sich lautstark. Weil sich das Ehepaar auch nach dem Eintreffen der Polizei nicht einigen konnte, wer nach Hause fährt, nahmen die Polizisten den Fahrzeugschlüssel vorläufig an sich.

Grundbegriffe: Kohärenz, Kohäsion, Text, Textualitätskriterien.

Weiterführende Literatur: Zu Begriffen und Definitionen von Text: Brinker (2005), Gansel/Jürgens (2009), Heinemann/Heinemann (2002), Linke et al. (2004), Schwarz-Friesel (2007), Vater (2001); zu Textualitätskriterien: Adamzik (2004), de Beaugrande/Dressler (1981), Vater (2001).

2. Kohärenz und Kohäsion

Im ersten Kapitel schon wurde klar, dass es sinnvoll ist, zwischen **Kohärenz**, d.h. dem semantischen und konzeptuellen Zusammenhang zwischen Teilen des Texts, und **Kohäsion**, dem Oberflächenzusammenhang zwischen Teilen des Texts, der durch sprachliche Mittel hergestellt wird, zu unterscheiden. In diesem Kapitel werden wir auf diese Unterscheidung weiter eingehen und dabei zunächst einen Blick auf die **Kohäsionsmittel**, das heißt die „expliziten Textverknüpfungsmittel", werfen. Anschließend werden wir das Zusammenspiel von Kohäsion und Kohärenz untersuchen, und uns die wichtigsten Definitionen der Kohärenz in der Textlinguistik anschauen.

2.1 Kohäsionsmittel: Ein Überblick

Kohäsionsmittel gibt es auf allen Ebenen der Sprache, vgl. (1):

(1) Apfelsaft selbstgemacht
Ich habe 3 Apfelbäume, die jedes Jahr reich an Äpfeln sind. Zum Pressen fahre ich in unseren Nachbarort und unterstütze dort einen Bekannten, der eine große hydraulische Presse hat. Das macht immer Spaß und ist sehr günstig. Ich bekomm dann meist so 35 Liter Saft raus, die ich in entsprechende Saftgefäße fülle. (www.frag-mutti.de)

So wird in (1) auf der morphologischen Ebene das Tempus als Kohäsionsmittel verwendet: Tempuskontinuität (wie das durchgängige Präsens in (1)) markiert üblicherweise textuelle Kontinuität. Darüber hinaus werden auf der lexikalischen Ebene bestimmte Lexeme oder deren Bestandteile wiederholt: *zum Pressen – eine Presse*, *Apfelbäume – Äpfeln*, *Saft – Saftgefäße*. Auch dies stiftet Kohäsion.

Im Folgenden werden wir Kohäsionsmittel auf verschiedenen sprachlichen Ebenen systematisch betrachten.

(i) Phonologische Ebene

Kohäsion auf der phonologischen Ebene ist insbesondere bei lyrischen Texten zu beobachten, wo neben dem **Rhythmus** auch der **Reim** eine sehr wichtige Rolle spielt. Unter Reim versteht man die lautliche Übereinstimmung von bestimmten Silbenteilen, vgl. (2):

(2) a. Die Luft ist kühl und es d<u>unkelt</u>,
Und ruhig fließt der Rh<u>ein</u>;
Der Gipfel des Berges f<u>unkelt</u>,
Im Abendsonnensch<u>ein</u>.
(Heinrich Heine, Loreley)

b. Auf <u>l</u>auen <u>L</u>üften <u>l</u>ind und <u>l</u>ieblich
<u>W</u>under <u>w</u>ebend er sich <u>w</u>iegt.
(Richard Wagner, Die Walküre)

Die wichtigste Reimart im Deutschen ist der **Endreim**, wobei entweder der Silbenreim (Silbenvokal und anschließende Silbenkoda) der letzten Silbe gleich bleibt (männlicher Reim, vgl. Zeilen 1 und 3 in (2a)), oder die Kombination aus vorletztem Silbenreim und der ganzen letzten Silbe übereinstimmt (weiblicher Reim, vgl. Zeilen 2 und 4 in (2a)). Daneben existiert auch der **Stabreim**, bei welchem die Silbenanlaute (der Teil der Silbe vor dem Vokal) übereinstimmen, vgl. (2b); zu den Reimarten im Deutschen siehe auch Kümmerling-Meibauer/Meibauer (2007). Auch außerhalb lyrischer Texte kann die Wiederholung gleicher Laute, **Alliteration**, eine kohäsive Rolle spielen, wie in einem Werbespruch und einem Zungenbrecher in (3):

(3) a. Geiz ist geil. (Werbeslogan der Elektronikhandelskette Saturn)
b. Zehn zahme Ziegen ziehen zehn Zentner Zucker zum Züricher Zoo.

(ii) Morphologische Ebene

Zum Teil werden **Tempus** und **Verbmodus** zu den Kohäsionsmitteln gezählt. Die Überlegung dahinter ist, dass die Beibehaltung der Modus- oder Tempusform als ein Zeichen textueller Kontinuität gewertet wird, und ein Modus- bzw. Tempuswechsel hingegen die Grenze eines Textsegments markieren kann. Für Tempus kann man dies z.B. in (4) sehen, wo der Beginn der eigentlichen Erzählung nach den einleitenden Worten durch den Wechsel von Präsens zum Präteritum markiert wird:

(4) Herr! Diejenigen *tun* sehr unrecht, welche glauben, es habe nur zu Zeiten Haruns Al-Raschid, des Beherrschers von Bagdad, Feen und Zauberer gegeben, oder die gar *behaupten*, jene Berichte von dem Treiben der Genien und ihrer Fürsten, welche man von den Erzählern auf den Märkten der Stadt hört, seien unwahr. Noch heute *gibt* es Feen, und es ist nicht so lange her, daß ich selbst Zeuge einer Begebenheit *war*, wo offenbar die Genien im Spiele waren, wie ich euch berichten werde.
In einer bedeutenden Stadt meines lieben Vaterlandes, Deutschlands, *lebte* vor vielen Jahren ein Schuster mit seiner Frau schlicht und recht. Er *saß* bei Tag an der Ecke der Straße und flickte Schuhe und Pantoffeln und *machte* wohl auch neue, wenn ihm einer welche anvertrauen mochte;[...] (Wilhelm Hauff, Zwerg Nase; meine Kursivierung)

Ob Tempus und Verbmodus tatsächlich zu den Kohäsionsmitteln gezählt werden können, oder ob sie rein grammatische, notwendigerweise markierte, Kategorien auf der Satzebene sind, ist allerdings umstritten, vgl. Zifonun (2000). So zählt z.B. die Subjekt-Verb-Kongruenz im Deutschen nicht zu den Kohäsionsmitteln, weil sie eine notwendige grammatische Markierung auf der Satzebene ist. In diesem Sinne wären nur die sprachlichen Mittel als Kohäsionsmittel möglich, die eine gewisse Varianz zulassen (wie die Wahl zwischen verschiedenen Lexemen bei Rekurrenz oder bei Konnektoren, siehe unten).

(iii) Lexikalische Ebene

Eine Möglichkeit, Kohäsion herzustellen, besteht darin, Elemente des Texts wörtlich zu wiederholen, wobei entweder ein ganzer Ausdruck wiederholt wird, vgl. (5), oder ein Teil eines komplexen Ausdruckes, vgl. (6). Eine solche materielle Wiederaufnahme eines Textelements nennt man **Rekurrenz** (vgl. Linke et al. 2004):

(5) Gestern habe ich einen <u>Vogel</u> beim Nestbau beobachtet. Der <u>Vogel</u> war ganz klein, hat aber trotzdem ziemlich große Zweige angeschleppt. Als Nistplatz hatte sich der <u>Vogel</u> ausgerechnet die Nische über unserem Rolladenkasten ausgesucht.

(6) Gestern habe ich einen <u>Vogel</u> beim Nestbau beobachtet. Das winzige <u>Vögelchen</u> hat ziemlich große Zweige angeschleppt. Sein <u>Vogelnest</u> war wohl ausgerechnet in der Nische über unserem Rolladenkasten geplant.

Die Wiederaufnahme eines Textelements muss jedoch nicht wörtlich erfolgen, sondern ist auch durch andere, inhaltlich verbundene, Ausdrücke möglich, die den gleichen Bezug auf außersprachliche Entitäten (Referenz; vgl. Kapitel 4) haben: So bezieht man sich in

(7) mit den Ausdrücken *das Gold* und *der Schatz* auf dasselbe Objekt, und mit den Ausdrücken *ein Drache* und *der Lindwurm* auf dasselbe Fabelwesen. Da hier ein Ausdruck zum Bezug auf etwas durch einen anderen ersetzt wird, spricht man in diesen Fällen von **Substitution:**

(7) Das Gold$_1$ wurde von einem Drachen$_2$ bewacht. *Der Lindwurm*$_2$ tötete jeden, der sich *dem Schatz*$_1$ zu nähern wagte.

Die Substitution ist dann möglich, wenn die entsprechenden Ausdrücke in einer geeigneten Bedeutungsbeziehung zueinander stehen (zu Bedeutungsbeziehungen siehe auch Meibauer et al. (^{2}2007: Kap. 5). Geeignet sind:

1. **Synonymie**, die Bedeutungsgleichheit zwischen Ausdrücken. Zwei Ausdrücke A und B sind synonym, wenn gilt, dass, wenn der Ausdruck A zutrifft, trifft auch B zu und umgekehrt. Dies ist z.B. der Fall in (7) oben, wo *Drache* und *Lindwurm* zwei Bezeichnungen für ein und dasselbe Fabelwesen sind. Andere Beispiele für Synonyme wären *anfangen – beginnen* oder *Apfelsine – Orange.*
2. **Hyponymie** und **Hyperonymie**, die Beziehung, die auf begrifflichen Hierarchien beruht. Ein Ausdruck A ist ein Hyperonym von einem Ausdruck B (und dieser wiederum ein Hyponym von A), wenn ein B gleichzeitig auch immer ein A bezeichnet, aber nicht umgekehrt. So ist in (7) *Schatz* ein Hyperonym und *Gold* ein Hyponym: Während Gold stets ein Schatz ist, muss nicht jeder Schatz unbedingt Gold beinhalten, er kann z.B. auch aus Edelsteinen oder Silbermünzen bestehen.
3. **Metapher**, eine Verwendung in übertragener Bedeutung. Eine Bezeichnung wird aus einem Bereich entliehen, um etwas in einem anderen Bereich zu benennen (vgl. Skirl/Schwarz-Friesel 2007). So ist die wörtliche Bedeutung von *Schatz* grob „wertvolles Besitztum“, wie in (7). In den Bereich der Personen übertragen kann es aber „eine mir viel bedeutende, wertvolle Person“ bedeuten und so als Anrede oder Bezeichnung für den Liebsten oder die Liebste genutzt werden:

(8) Mein Schatz holt mich jedes Mal am Bahnhof ab, und das nach 20 Jahren Ehe. Diese Frau ist einfach die beste!

Man spricht bei Substitutionsfällen auch von **Isotopie-Ketten**: Substitution wird auf semantischer Ebene als das Auftreten von identischen oder ähnlichen semantischen Merkmalen (sog. Isotopen) aufgefasst (vgl. Linke et al. 2004).

Ein Sonderfall der Substitution sind folgende Beispiele:

(9) a. Tübingen hat zurzeit einen grünen Bürgermeister. *Er* setzt sich für das Energiesparen ein.
b. Peter wollte Paul einladen, doch *der* hatte keine Lust.

(10) In der Ecke steht ein Tisch. *Da*rauf liegt ein aufgeschlagenes Buch.

Die Ausdrücke, die hier ersetzend gebraucht werden, Personal- und Demonstrativpronomina in (9a) bzw. (9b) und Pronominaladverbien (Duden 2005) in (10), sind weitgehend bedeutungsleer. In diesem Fall spricht man von **Anaphern** (aus dem Griechischen: „Rückverweis") oder **Pro-Formen** (vgl. Linke et al. 2004). Pronomina und Pronominaladverbien können nicht nur rückverweisend wie oben, also anaphorisch, gebraucht werden, sondern auch vorverweisend, wie in (11). Hier spricht man von einer **Katapher**. Während Anaphern den Standardfall des Pronomengebrauchs darstellen, werden Kataphern als ein stilistisches Mittel zur Spannungssteigerung eingesetzt:

(11) Man erkennt sie am kleinen Gepäck. Am flatternden hellen Mantel, wenn *sie* im letzten Moment den Bahnsteig betreten. [...] *sie* kommen direkt vom Büro, von der Ausschusssitzung, aus der Redaktionskonferenz: *die Wochenendpendler vom Bahnhof Zoo*. (DB Mobil, 12/04)

In Kapitel 4 werden wir die Bezugnahme auf Entitäten (Objekte, Personen und Ereignisse) in der Welt genauer anschauen, und dabei eine andere (etwas allgemeinere) Auffassung von Anaphern kennen lernen, die Rekurrenz und Substitution mit erfasst: Nach dieser – funktionalen – Definition handelt es sich immer dann um eine Anapher, wenn ein (nominaler) Ausdruck zur Bezugnahme auf eine bereits eingeführte Entität in der Welt (oder in der Vorstellung des Lesers) gebraucht wird, unabhängig davon, um was für eine Art Ausdruck es sich handelt (siehe Consten/Schwarz-Friesel 2007).

(iv) Syntaktische Ebene

Auf der syntaktischen Ebene kann syntaktische **Parallelität**, d.h. identischer struktureller und linearer Aufbau mehrerer (Teil-)Sätze, der Herstellung von Kohäsion dienen. So wird in (12) Kohäsion syntaktisch dadurch erreicht, dass es hier eine parallele Struktur in beiden Sätzen gibt: Beide beginnen mit dem Subjektprädikativ *fremd*, auf welches das finite Verb und dann das Subjekt folgt:

(12) Fremd bin ich eingezogen,
fremd zieh' ich wieder aus. (Wilhelm Müller, Winterreise)

Insbesondere für mündliche Texte typisch sind **Ellipsen**, d.h. das Weglassen von rekonstruierbarem sprachlichem Material, vgl. (13):

(13) [Mutzen] so .. flaches, ausgerolltes Gebäck ist das. Ziemlich hart. Muß aber auch sehr frisch gegessen werden [...] (IDS, Pfeffer-Korpus)

Hier werden im zweiten Satz das Subjekt und das finite Verb, und im dritten Satz das Subjekt ausgelassen. Eine Ellipse ist deswegen als ein Kohäsionsmittel zu verstehen, weil die Rekonstruierbarkeit des weggelassenen Materials nur innerhalb eines Texts gegeben ist. Der Text wiederum wird durch Ellipsen als eine Inhaltseinheit gekennzeichnet.

Ein wichtiges syntaktisches Kohäsionsmittel sind **Konnektoren**, d.h. Konjunktionen und Adverbien, die zwei Textelemente miteinander verbinden. Die Textelemente können dabei unterschiedlich groß sein. Sie können Teilsätze (15a, b) und Sätze (14, 15c, 16) umfassen oder ganze Textabschnitte (17):

(14) So haben wir den Umbau geplant. *Und* so wurde er auch durchgeführt.

(15) a. Das ist kein guter Text, *weil* er viel zu viele Konnektoren beinhaltet.
b. *Da* dieser Text zu viele Konnektoren beinhaltet, ist es kein guter Text.
c. Das ist kein guter Text. *Denn* er beinhaltet viel zu viele Konnektoren.

(16) a. Es regnet schon wieder. *Deswegen* werde ich nicht joggen gehen.
b. Gestern habe ich gekocht. *Da* klingelte plötzlich das Telefon.

(17) Die Bauarbeiten am Haus drüben sind im vollen Gange. Und jetzt fällt auch noch dauernd der Strom aus. *Da* kann man echt nicht arbeiten.

Konnektoren werden als ein syntaktisches Kohäsionsmittel betrachtet (Rickheit/Schade 2000), weil sie eng mit der syntaktischen Struktur der Sätze verbunden sind: Bestimmte Konnektoren führen Nebensätze ein, z.B. *weil* oder *da* in (15a, b); andere leiten Hauptsätze ein, wie *denn* in (15c). Manche Konnektoren sind satzgliedfähig, wie *da* oder *deswegen* in (16), andere nicht, wie *und* in (14). Da Konnektoren aber Lexeme sind, könnte man sie auch als lexikalische Kohäsionsmittel betrachten. Generell ist die Zuordnung eines bestimmten Kohäsionsmittels zu einer bestimmten Ebene der Grammatik oft strittig, vgl. Rickheit/Schade (2000).

Wir werden Konnektoren detailliert in Kapitel 3 betrachten, wo es darum gehen wird, ihre Rolle beim Herstellen inhaltlicher Beziehungen zwischen benachbarten Sätzen zu verstehen.

Ebenso wie Konnektoren können die **metakommunikativen Einheiten** der syntaktischen oder der lexikalischen Ebene zugeschrieben werden. Dies sind sprachliche Ausdrücke, die dem expliziten Sprechen im Text über diesen Text dienen, wie *im Folgenden*, *in Abschnitt 2*, *zum Schluss*, *wie oben bereits angedeutet* usw.

2.2 Zum Verhältnis von Kohäsion und Kohärenz

Die Beschreibung der Kohäsionsmittel erfolgt vor allem aus der Perspektive „vom Satz zum Text" (vgl. Kap. 1). Die Frage, die sich bei der Analyse und Klassifikation von Kohäsionsmitteln dabei stellt, ist: Mit welchen sprachlichen Mitteln werden Sätze zu einem Text verbunden? Diese Frage ist vergleichsweise leicht zu beantworten, denn die Kohäsionsmittel sind sichtbar im Text vorhanden, weswegen ihre Bestimmung relativ unproblematisch ist. Ferner sind Kohäsionsmittel natürlich für die Sprachwissenschaft von besonderem Interesse, weil sie eine Schnittstelle zwischen Grammatik und Text bilden.

Wie genau aber diese Mittel wirken, wie also die für die umgekehrte Perspektive „vom Text zum Satz" leitende Frage nach der Kohärenz zu beantworten ist, ist weniger eindeutig: Wie wird Kohärenz im Text hergestellt? Wie erreicht man diese „Sinnkontinuität der zugrundeliegenden Textwelt" (Vater 2001: 38)? Die einfachste Antwort wäre, Kohärenz entstehe dadurch, dass Textbestandteile durch Kohäsionsmittel verbunden werden, wie in (18), wo die Anaphern *der*, *sie*, *seiner* und die Lexemwiederholung *die Frau* sowie die Konnektoren *da* und *und* offenbar für Kohärenz sorgen:

(18) Es war einmal ein reicher Mann, *der* lebte lange Zeit vergnügt mit *seiner* Frau, *und sie* hatten ein einziges Töchterlein zusammen. *Da* ward *die Frau* krank [...] (Aschenputtel)

Diese Ansicht kann als **der textgrammatische Ansatz** zusammengefasst werden (siehe den Überblick über diesen Ansatz in Rickheit/Schade 2000). Jedoch sollte danach auch (19) einen kohärenten Text bilden, treten dort doch dieselben Kohäsionsmittel wie in (18) auf und sind doch die einzelnen Teilsätze durchweg grammatisch und sinnvoll. Dennoch würde man (19) nur schwerlich als kohärenten Text einstufen.

(19) Es war einmal ein reicher Mann, *der* stand auf dem Kopf und jonglierte und *seine* Frau verkaufte Obst auf dem Markt, *und sie* schrieben lange Briefe an die Zeitung. *Da* ging *die Frau* in den Wald spazieren.

Kohäsionsmittel allein sind es somit nicht, die Kohärenz herstellen. Mehr als das: Die Kohäsion ist weder ein notwendiges noch ein hinreichendes Kriterium für das Herstellen von Kohärenz, vg. (20) vs. (21):

(20) In der *Nacht* tobte ein Gewitter. *Und Nacht*pflanzen blühen immer so schön.

(21) In der Nacht tobte ein Gewitter. Anna hat sich unter der Bettdecke versteckt.

Ebenso wie (19) weist auch Beispiel (20) mit partieller Rekurrenz und einem Konnektor zwei Kohäsionsmittel auf, wirkt aber dennoch inkohärent. Hingegen beinhaltet (21) gar keine Kohäsionsmittel (sogar die Tempusform wechselt), erscheint jedoch durchaus kohärent. Durch die Aktivierung von unserem Weltwissen, dass manche Leute Angst vor Gewitter haben, und dass man nachts meist im Bett unter einer Decke liegt, können wir beim Lesen von (21) schlussfolgern, dass Anna, die im Bett lag und vermutlich Angst hatte und keine Blitze sehen und keinen Donner hören wollte, sich unter ihrer Bettdecke davor versteckt hat. Hier wird also ein kausaler Zusammenhang zwischen dem im ersten Satz erwähnten Gewitter und dem im zweiten Satz genannten Sich-Verstecken von Anna erschlossen. Wie solche Schlüsse zustande kommen, werden wir in Kapitel 3.2 näher betrachten.

Als ein Zwischenfazit können wir festhalten, dass Kohäsion zwar Kohärenz stützen kann, aber weder notwendig noch hinreichend für diese ist.

2.3 Kohärenz: Verschiedene Ansätze

Wie aber kommt Kohärenz zustande, wenn sie nicht lediglich ein Produkt von Kohäsion ist? Auf diese Frage wurden verschiedene Antworten gegeben.

Der **semantisch-thematische Ansatz** (z.B. van Dijk 1997) definiert Kohärenz im Rahmen der Perspektive „vom Satz zum Text“. Dabei ist der Begriff **Proposition**, unter welchem in der Linguistik der Inhalt eines Satzes unabhängig von Tempus und der Illokution, d.h. davon, ob der Satz eine Aussage, eine Frage, ein Befehl usw. ist, verstanden wird:

(22) a. Anna hat sich unter der Bettdecke versteckt.
b. Versteckt sich Anna unter der Bettdecke?

Die Sätze in (22) haben eine gemeinsame Proposition, welche aus dem Prädikat „sich verstecken“ mit seinen Argumenten „Anna“ (wer versteckt sich?) und „unter der Decke“ (wo versteckt sie sich?) besteht; siehe Meibauer et al. (2007: Kap. 5). Alle Kohärenzbeschreibungen, die im Folgenden besprochen werden, operieren mit Propositionen als Texteinheiten.

Laut van Dijk ist ein Text kohärent, wenn sich jede der Propositionen seiner Sätze unter eine Makroproposition (in etwa das globale Textthema) subsumieren lässt. Demnach wäre (21) oben kohärent, weil es als die Makroproposition „Auswirkungen des nächtlichen Gewitters“ zu fassen wäre. Auch deutlich größere Texte sind kohärent, wenn sich für diese ein solches zusammenfassendes Thema finden lässt. So ist Thomas Manns Roman *Buddenbrooks* kohärent, weil er sich unter dem hier bereits im Untertitel des Romans angegebenen globalen Thema *Verfall einer Familie* zusammenfassen lässt.

Der **pragmatisch-funktionale Ansatz** (z.B. Hobbs 1985) bietet eine andere, deutlich lokalere, Auffassung von Kohärenz an: Eine Aufeinanderfolge von Textteilen (meist sind es ebenfalls Sätze bzw. deren Propositionen) ist kohärent, wenn zwischen ihnen eine der (vorher definierten) Kohärenzrelationen besteht. So ist (21) oben kohärent, weil zwischen den Satzinhalten *In der Nacht tobte ein Gewitter* und *Anna hat sich versteckt* eine kausale Relation angenommen werden kann. Dieser Ansatz wird in Kapitel 7.1 genauer erläutert.

Der Vergleich dieser beiden Ansätze zeigt, dass es jeweils um unterschiedliche Auffassungen von Kohärenz geht: Für den semantisch-thematischen Ansatz geht es in erster Linie um die globale Kohärenz, den inhaltlichen Zusammenhang im Text als einem Ganzen; für den pragmatisch-funktionalen Ansatz ist es eher wichtig, wie die lokale Kohärenz, d.h. ein inhaltlicher Zusammenhang zwischen zwei benachbarten Textsegmenten, entsteht. Für einen kohärenten Text ist beides wichtig, wie man in (23)-(25) sieht:

(23) Fischotter

Der Fischotter ist fast im ganzen Europa vom Polarkreis bis nach Spanien verbreitet. Im Winter taucht der Fischotter unter dem Eis und kann sich so mit Nahrung versorgen. Der Fischotter wird ca. 90 cm lang und bis zu 10 kg schwer. Bevor er unter Naturschutz kam, wurde der Fischotter exzessiv gejagt. Sein extrem dichtes braunes Fell schützt den Fischotter auch im Winter vor Kälte. Der Fischotter gehört zur Familie der Marder. Seine Nahrung besteht zu 90% aus Fisch, den er schwimmend jagt.

Der Text in (23) kann zwar unter einer Makroproposition „die Eigenschaften des Fischotters“ gefasst werden; die einzelnen Satzinhalte jedoch stehen nur in einer sehr losen Verbindung zueinander, sie sind nur dadurch verbunden, dass sie Informationen zu dem Fischotter liefern. (23) wird als ein relativ schlechter Text empfunden.

(24) Der Fischotter ist fast im ganzen Europa vom Polarkreis bis nach Spanien verbreitet. Trotzdem steht er unter Naturschutz, weil er früher viel gejagt wurde. Die Jagd war eine wichtige Beschäftigung des Adels und des

gemeinen Volkes. Insbesondere die Adeligen legten Wert auf eine prachtvolle Jagdausrüstung. Ebenso prachtvoll mussten auch die Kleidung und die Wohnungen sein.

In (24) ist die inhaltliche Verbindung zwischen den einzelnen Sätzen deutlich stärker: So besteht zwischen den Sätzen eins und zwei eine konzessive Verbindung (trotz seiner weiten Verbreitung steht der Fischotter unter Naturschutz), der *weil*-Teilsatz im Satz zwei benennt den Grund für diesen Widerspruch, usw. Da aber die Sätze sich nicht unter einem Thema einordnen lassen (vom Fischotter wechselt man zur Jagd und dann zum Adel und seinen Vorlieben), ist der Text als Ganzes nicht kohärent.

(25) Fischotter

Der Fischotter ist fast im ganzen Europa vom Polarkreis bis nach Spanien verbreitet. Er gehört zur Familie der Marder. Der Fischotter wird ca. 90 cm lang und bis zu 10 kg schwer. Seine Nahrung besteht zu 90% aus Fisch, den er schwimmend jagt. Dank seines extrem dichten braunen Fells kann der Fischotter lange im Wasser bleiben, ohne zu frieren. Das Fell schützt ihn auch im Winter vor Kälte, so dass er unter dem Eis tauchen und sich so auch im Winter mit Nahrung versorgen kann.

In (25) ist sowohl eine Makroproposition „die Eigenschaften des Fischotters“ gegeben, als auch die lokalen Verbindungen zwischen den Sätzen: So gibt der Satz über das dichte Fell eine Erläuterung zu dem Satz davor: Warum genau kann der Fischotter so gut im Wasser jagen. Intuitiv ist (25) nicht nur ein besserer Text als (24), sondern auch als (23).

Dies zeigt, dass eine gute Definition von Kohärenz beide Auffassungen integrieren, und dabei zwischen globaler Kohärenz, dem allgemeinen, zusammenhängenden Textthema, und lokaler Kohärenz, dem inhaltlichen Zusammenhang zwischen benachbarten Textsegmenten, unterscheiden sollte (vgl. Rickheit/Schade 2000).

2.4 Zusammenfassung

Die Kohäsion ist eine Eigenschaft der sprachlichen Textoberfläche. Diese kann bestimmte sprachliche Mittel auf phonologischer, morphologischer, lexikalischer und syntaktischer Ebene beinhalten, die einen Text kohäsiv machen. Kohärenz hingegen ist der inhaltliche Zusammenhang im Text, der von einem Textrezipienten aktiv, wenn auch in der Regel unbewusst, unter Einbeziehung seines Weltwissens aufgebaut wird (vgl. Gernsbacher/Givón 1995, Rickheit/Schade 2000). Kohäsion kann bei der Kohärenzstiftung unterstützend sein, ist aber weder hinreichend noch notwendig für diese.

Aufgabe 1: Bestimmen Sie alle Rekurrenz- und Substitutionsfälle im folgenden Text; bei Substitution bestimmen Sie auch die Art der semantischen Beziehung zwischen den Lexemen:

> Weil sie wiederholt verbotenerweise Tauben in Heidelberg gefüttert hatte und eine Geldbuße nicht zahlte, musste eine 70-Jährige ihre Strafe absitzen. Die mittellose Rentnerin kam Anfang März für drei Tage ins Gefängnis, teilte das Amtsgericht Heidelberg am Dienstag mit.
>
> Die Frau hatte den Tieren im Frühjahr 2010 mehrfach Haferflocken zu Fressen gegeben und dafür ein Bußgeld in Höhe von 100 Euro kassiert. Nachdem sie die Strafe auch zwei Jahre später noch nicht bezahlt hatte, erging auf Antrag der Stadt ein sogenannter Erzwingungshaftbefehl gegen sie.
>
> Ob sie künftig aufs Taubenfüttern verzichten will, ist nicht bekannt.
>
> (Schwäbisches Tagblatt, 20.03.2012)

Aufgabe 2: Bestimmen Sie alle Kohäsionsmittel im folgenden Text:

> Die schönste Jungfrau sitzet
> Dort oben wunderbar
> Ihr goldnes Geschmeide blitzet,
> Sie kämmt ihr goldenes Haar.
>
> Sie kämmt es mit goldenem Kamme
> Und singt ein Lied dabei.
> Es hat eine wundersame
> Gewaltige Melodei.
>
> (Heinrich Heine, Loreley)

Grundbegriffe: Kohärenz, Kohäsion, Kohäsionsmittel.

Weiterführende Literatur: Zu der Notwendigkeit der Unterscheidung zwischen Kohärenz und Kohäsion und zu Kohäsionsmittel im Überblick Linke et al. (2004), Rickheit/Schade (2000), Schwarz-Friesel (2007), Vater (2001); zu einzelnen Kohäsionsmitteln siehe Aufsätze in Brinker et al. (2000/2001), Bd. I Teil V; zu verschiedenen Auffassungen von Kohärenz Rickheit/Schade (2000) – dort auch eine knappe Zusammenfassung der Kohärenztheorien mit deren wichtigsten Vertreter; zum kognitivlinguistisch geprägtem Konzept der Kohärenz siehe Gernsbacher/Givón (1995), Schwarz-Friesel (2006).

3. Konnektoren und Kohärenzrelationen

Im vorigen Kapitel haben wir gesehen, dass Kohäsion keineswegs mit Kohärenz gleichzusetzen ist, und dass sie die Kohärenzherstellung unterstützen kann, ohne für diese notwendig zu sein. Wie genau dieses Zusammenspiel zwischen den konkreten sprachlichen Mitteln und dem Erstellen des inhaltlichen Zusammenhangs funktioniert, wird in diesem Kapitel an Hand der Konnektoren und der mit deren Hilfe etablierten inhaltlichen Kohärenzrelationen zwischen Sätzen und Textteilen gezeigt.

Eine Anmerkung zur Terminologie: Inhaltliche Beziehungen bestehen meist zwischen **Propositionen** zweier benachbarter **Sätze** oder Teilsätze, die bestimmte **Sachverhalte** beschreiben. Genauer gesagt handelt es sich um **Äußerungen** von Sätzen in einem bestimmten Kontext.

(1) Anna weint, weil Thomas das ganze Eis aufgegessen hat.

In (1) werden zwei Sachverhalte beschrieben; die entsprechenden Propositionen, „Anna wein-" und „Thomas das ganze Eis aufess-", werden hier mit Hilfe des Konnektors *weil* so miteinander verbunden, dass der zweite Sachverhalt als der Grund für den ersten dargestellt wird. Man spricht bei einer solchen Herstellung der Beziehung zwischen Sachverhalten von **relationaler Kohärenz**. In diesem Kapitel werden wir uns mit sprachlichen Mitteln zur Kennzeichnung der relationalen Kohärenz befassen, sowie die Fälle besprechen, wo relationale Kohärenz implizit bleibt. Auch wenden wir uns kurz den konzeptuellen Grundlagen der Kohärenzrelationen zu. Das Kapitel dient als Basis für die Darstellung einiger einflussreichen Theorien der relationalen Kohärenz in Kapitel 7.

3.1 Konnektoren im Deutschen

Konnektoren (auch: Konnektive, Junktoren) verbinden zwei Textelemente miteinander, indem sie eine bestimmte inhaltliche Beziehung (**Kohärenzrelation**) zwischen zwei dort beschriebenen Sachverhalten explizit machen. So wird die kausale Beziehung zwischen der Ursache „schönes Wetter" und der Folge „ich gehe joggen" in (2a) mit der subordinierenden Konjunktion *weil* und in (2b) mit dem Pronominaladverb *deswegen* deutlich gemacht:

(2) a. Weil das Wetter so schön ist, werde ich nachher joggen gehen.
b. Das Wetter ist richtig schön. Deswegen werde ich nachher joggen gehen.

Wie wir gesehen haben, ist ein Konnektor nicht notwendig, um eine inhaltliche Beziehung, z.B. eine kausale Verbindung, herzustellen. Auch (3) wird am ehesten so verstanden, dass das schöne Wetter der Grund für mein Joggen-Gehen ist. Der Unterschied ist, dass (3) als eine Begründung verstanden werden *kann*, während (2) als eine Begründung verstanden werden *muss*, weil diese durch den Konnektor explizit markiert wird:

(3) Das Wetter ist so schön. Ich werde nachher joggen gehen.

In Kapitel 2 wurden Konnektoren allesamt den syntaktischen Kohäsionsmitteln zugerechnet. Fabricius-Hansen (2000) unterscheidet zwischen zwei Arten der Konnektoren: den **grammatischen Konnektoren**, worunter die koordinierenden und subordinierenden Konjunktionen fallen (*und, auch, obwohl, weil, nachdem, wenn, denn, dass, ob* usw.) und den **lexikalischen Konnektoren**, zu welchen Adverbien, insbes. Pronominaladverbien und Partikeln zählen (*jedoch, aber, gleichfalls, auch, sowieso, sogar, nicht einmal, dadurch, danach, deswegen* usw.).

Mit Hilfe von grammatischen und lexikalischen Konnektoren können laut Fabricius-Hansen (2000) folgende Formen der inhaltlichen Verbindung (**Konnexion**) explizit markiert werden, wobei für alle Konnexionsformen gilt, dass sie auch implizit, das heißt ohne einen entsprechenden Konnektor, bestehen können:

1. **Koordinative Relationen** bestehen, wenn die verbundenen Propositionen (man spricht hier von **Konnekten** oder **Konjunkten**) als gleichrangig unter einer gemeinsamen „begrifflichen Einordnungsinstanz" (Lang 1991), d.h. einem gemeinsamen Oberbegriff, eingeordnet werden können.

(4) Anna ist ins Kino gegangen, und Thomas macht die Hausaufgaben.

Die begriffliche Einordnungsinstanz für (4) ist z.B. die Frage *Was machen die Kinder gerade?* Und die Antwort darauf besteht aus einer aufzählenden Benennung von zwei Sachverhalten.

Die relevanten Konnektoren hier sind die **additiven** *und, auch* (welche eine Aufzählung durchführen), das **adversative** *aber* (welches zwei Propositionen verbindet, die in einem Widerspruch zueinander stehen) und das **disjunktive** *oder / entweder ... oder* (welches zwei Propositionen verbindet, die sich gegenseitig ausschließen), vgl. (5):

(5) a. Anna ist ins Kino gegangen, aber Thomas ist zu Hause.
b. Anna ist entweder ins Kino gegangen, oder sie ist bei einer Freundin.

In (5a) liefert die Frage *Wer ist zu Hause?* das gemeinsame Thema, wobei die beiden beschriebenen Sachverhalte einander gegenüber gestellt werden. In (5b) ist die gemeinsame Einordnungsinstanz *Wo ist Anna?*, und die beiden Konnekte sind so verbunden, dass nur eine der beiden genannten Optionen gelten kann.

Additive, adversative und disjunktive Verbindungen müssen nicht unbedingt explizit durch Konnektoren markiert werden, vgl. (6):

(6) a. Veronika, der Lenz ist da, die Mädchen singen Tralala. *(additiv)*
b. Anna ist fleißig. Thomas ist faul. *(adversativ)*
c. Bleibt er? Geht er? *(disjunktiv)*

2. **Kausale Relationen** bestehen, wenn die verbundenen Propositionen in einer Begründungsbeziehung zueinander stehen. Genauer gesagt, kann man hierbei zwischen folgenden Beziehungen unterscheiden:

(A) **Kausale Relation im engeren Sinne**: Ein Konnekt benennt den Grund für das Zutreffen des anderen Konnekts. Diese Relation wird durch die Konnektoren *weil*, *deshalb*, *weshalb*, *denn* und *da* markiert (vgl. (7)), oder sie verbleibt implizit wie in (8):

(7) a. Fritz nimmt einen Kredit auf, denn er hat Schulden.
b. Fritz hat Schulden. Deswegen nimmt er einen Kredit auf.
c. Da Fritz Schulden hat, nimmt einen Kredit auf.
d. Weil Fritz Schulden hat, nimmt einen Kredit auf.

(8) Fritz nimmt einen Kredit auf. Er hat Schulden.

Ähnlich wie in (8) bleibt die kausale Relation in (9) auch implizit: Hier ist mit *und* zwar explizit ein additiver Konnektor gegeben, allerdings sind wir eher geneigt, (9) so zu verstehen, dass der Sonnenschein der Grund für das Wohlbefinden ist, und nicht als eine Aufzählung zweier voneinander unabhängiger Sachverhalte:

(9) Heute scheint die Sonne, und ich fühle mich wie neugeboren.

Warum in Fällen wie (9) eine kausale Interpretation gegenüber einer explizit markierten additiven Verknüpfung bevorzugt wird, werden wir in Abschnitt 3.2 sehen.

(B) **Konsekutive Relationen** bestehen, wenn ein Konnekt den Sachverhalt benennt, der als Folge eines anderen Sachverhalts präsentiert wird. Die konsekutive Relation ist somit eine Umkehrung der kausalen, vgl. (10):

(10) Proposition A: *Fritz hat Schulden*; Proposition B: *Fritz nimmt einen Kredit auf*
a. kausal: **B weil A**
b. konsekutiv: **A so dass B**

Der Konnektor hier ist *so dass*, vgl. (11a); die konsekutive Relation kann aber auch implizit bleiben wie in (11b):

(11) a. Fritz hat Schulden, so dass er einen Kredit aufnehmen muss.
b. Fritz hat Schulden. Er muss einen Kredit aufnehmen.

(C) **Finale Relationen** bestehen, wenn ein Konnekt den Sachverhalt benennt, der als Ziel eines anderen Sachverhalts präsentiert wird. Die Relation kann durch die Konnektoren *damit* und *um ... zu* expliziert werden (vgl. (12a)), kann aber auch implizit bleiben (12b):

(12) a. Fritz trägt Anna die schwere Tasche, um sich bei ihr einzuschmeicheln.
b. Fritz trägt Anna die schwere Tasche. Er will sich bei ihr einschmeicheln.

3. **Konzessive Relationen** zwischen zwei Konnekten bestehen, wenn zwischen den beiden Propositionen ein Widerspruch besteht, z.B. wenn die Sachverhalte im Normalfall (nach der Auffassung des Sprechers) nicht zugleich zutreffen (sollten). Die Konnektoren *obwohl*, *dennoch*, *trotzdem*, *jedoch* drücken eine solche konzessive Relation aus; sie kann aber auch, wie in (14), implizit bleiben:

(13) a. Er ist alt, arm, hässlich und immer schlecht drauf. Trotzdem will sie ihn heiraten.
b. Er ist alt, arm, hässlich und immer schlecht drauf. Jedoch will sie ihn heiraten.
c. Obwohl er alt, arm, hässlich und immer schlecht drauf ist, will sie ihn heiraten.

(14) Er ist alt, arm, hässlich und immer schlecht drauf. Und sie will ihn heiraten!

Wie oben in (9) ist auch hier die relevante Relation (konzessiv) implizit gegeben: Ein Konnektor ist zwar vorhanden (*und*), dieser Konnektor markiert aber nicht die Relation, die hier besteht. *Und* ist an sich additiv, (14) wird aber nicht als eine bloße Hinzufügung der neuen Information verstanden, sondern als eine Gegenüberstellung, d.h. konzessiv.

4. **Konditionale Relationen** bestehen, wenn ein Konnekt den Sachverhalt benennt, der als Bedingung für das Bestehen eines anderen Sachverhalts präsentiert wird. Die entsprechenden Konnektoren sind *wenn* und *falls*; ein negatives Gegenstück dazu bilden *sonst* und *andernfalls*, vgl. (16): Für die beiden Propositionen A: *Du kommst sofort nach Hause.* und B: *Du darfst morgen raus.* wird in (16a) mit *wenn* A als die Bedingung für B präsentiert („wenn A, dann B"), und in (16b) mit *sonst* nicht-A als die Bedingung für nicht-B: „wenn nicht-A, dann nicht-B". Auch konditionale Relationen müssen nicht markiert werden, vgl. (17):

(15) a. Wenn Anna spät aus der Schule kommt, kann sie nicht mitkommen.
b. Falls es morgen regnet, wird der Ausflug leider ausfallen.

(16) a. Wenn Du nicht sofort nach Hause kommt, darfst Du morgen nicht raus.
b. Komm sofort nach Hause! Sonst darfst Du morgen gar nicht raus!

(17) Kräht der Hahn auf dem Mist, ändert sich das Wetter, oder es bleibt, wie es ist.

5. **Temporale Relationen** zwischen zwei Propositionen bestehen, wenn die beschriebenen Sachverhalte A und B zueinander in einer zeitlichen Abfolge stehen, wobei die Möglichkeiten „A hat vor B stattgefunden“; „A folgt nach B“ und „A und B finden gleichzeitig statt“ gegeben sind. Die temporalen Konnektoren sind: *als*, *danach*, *davor*, *nachdem*, *während*, *seitdem*, *bis*, *dann* usw.

(18) a. Von 16-17 Uhr ist Anna beim Ballett. Davor geht sie zur Theater-AG.
b. Von 16-17 Uhr ist Anna beim Ballett. Danach kommt sie nach Hause.
c. Von 16-17 Uhr ist Anna beim Ballett. Währenddessen kocht die Mutter das Abendessen.

Auch die temporalen Relationen können implizit bleiben; in diesen Fällen wird – wie in allen bisher besprochenen Fällen, wo die Kohärenzrelation nicht markiert wird – Weltwissen benötigt, um Kohärenz herzustellen. Auch eine zeitliche Abfolge kann mit Hilfe vom Weltwissen erschlossen werden, vgl. (19):

(19) a. Anna war gestern Abend in der Oper. Um Mitternacht kam sie heim.
b. Anna war gestern Abend in der Oper. Sie war beim Friseur und hat sich die Haare legen lassen.
c. Gestern hat es den ganzen Tag geregnet. Es war feucht und kalt.

(19a) versteht man am Ehesten so, dass Anna *nach* ihrem Opernbesuch nach Hause kam, weil um Mitternacht eine durchaus wahrscheinliche Zeit ist, um nach einem Opernbesuch zuhause anzukommen. (19b) hingegen versteht man eher so, dass Anna *vor* dem Opernbesuch beim Friseur war, weil es zu unserem Weltwissen gehört, dass man sich gern vor einem Opernbesuch schick macht. (19c) hingegen wird man am ehesten so verstehen, dass es gestern regnete und *zugleich* feucht und kalt war.

An (19) sieht man auch, dass zu einer temporalen Relation oft auch eine kausale hinzukommt: (19b) kann auch so verstanden werden, dass Anna *deswegen* beim Friseur war, weil sie danach in die Oper ging. Auch (19c) kann man so verstehen, dass es feucht und kalt war, *weil* es die ganze Zeit geregnet hat. Es ist grundsätzlich so, dass wir dazu tendieren, eine zeitliche Abfolge zweier Vorkommnisse, wenn irgend möglich, als eine kausale zu interpretieren. Vgl. auch (20), das wir am ehesten so interpretieren, dass es Anna besser ging, nachdem *und eben weil* sie sich bei der Sprecherin ausgeheult hat:

(20) Anna hat sich bei mir regelrecht ausgeheult. Danach ging es ihr besser.

Historisch gesehen ist die Konjunktion *weil* übrigens aus dem Nomen *wîle* (mhd. für „Weile", „Zeit") entstanden, und hatte vor der kausalen die zeitliche Bedeutung (Szczepaniak 2009). Offenbar ist die Herstellung eines kausalen Zusammenhangs bei einer zeitlichen Abfolge eins der wichtigsten Muster unseres Denkens (s. auch Abschnitt 3.2). Dies wird gern in rhetorisch-argumentativen Texten genutzt: Indem der Sprecher auf eine belegbare zeitliche Korrelation zweier Ereignisse hinweist, lässt er die Angesprochenen eine kausale Beziehung zwischen diesen hinzudenken, vgl. (21):

(21) Vor seinem Amtsantritt vor drei Jahren hatten wir de facto eine Vollbeschäftigung. Während seiner Regierungszeit wurde eine Fabrik komplett geschlossen und eine große Firma hat ihre Produktion ins Ausland verlegt. Die Zahl der Arbeitslosen in unserer Kommune liegt nun bei 20%, was deutlich über dem Landesdurchschnitt ist. Es ist Zeit für einen Wechsel! (eine fiktive Wahlkampfrede)

6. **Modal-instrumentale Relationen** zwischen zwei Propositionen bestehen, wenn die beiden Propositionen eigentlich dasselbe Geschehen beschreiben, wobei eine Proposition die Art und Weise des Geschehens näher bestimmt; die explizierenden Konnektoren hierfür sind *indem*, *dabei*, *damit*, *so*. Auch diese Relation kann implizit bleiben, vgl. (23):

(22) Sie beugt sich vor, um ihre Zigarette auszudrücken. Dabei streift sie mit dem Arm sein Knie.

(23) Sie beugt sich vor, um ihre Zigarette auszudrücken. Ihr Arm streift sein linkes Knie.

Am Rande erwähnt Fabricius-Hansen (2000) noch die Vergleichskonnektoren *wie* und *als*, die einen Vergleich zwischen zwei Propositionen zum Ausdruck bringen, vgl. (24). Ob es sich dabei um eine spezielle inhaltliche Relation handelt, lässt sie offen.

(24) Sie saß ruhig da und blätterte in einer Zeitschrift. Als würde das Ganze sie überhaupt nichts angehen, dachte ich irritiert.

Nach diesem Überblick über die inhaltlichen Beziehungen zwischen Äußerungsinhalten auf der Kohärenzebene und den entsprechenden Konnektoren auf der Kohäsionsebene kann man Folgendes festhalten:

(i) Alle besprochenen inhaltlichen Beziehungen können durch Konnektoren expliziert werden. Diese kohäsiven Fälle bilden gewissermaßen die prototypischen Realisierungen der jeweiligen Kohärenzrelationen. Ist ein Konnektor vorhanden, muss eine entsprechende Kohärenzrelation hergestellt werden, vgl. (25), wo wir durch den kausalen Konnektor *weil* gezwungen sind, Gretes Blick als die Ursache von Hans' Stolpern und Hinfallen zu interpretieren, auch wenn solch ein Zusammenhang an sich nicht unbedingt nahe liegend ist:

(25) Weil Grete ihn angeschaut hat, stolperte Hans und fiel hin.

(ii) Ausnahmslos alle inhaltlichen Beziehungen müssen nicht unbedingt kohäsiv realisiert werden, sondern können auch implizit bleiben. In diesem Fall bedarf es eines geeigneten Kontexts und/oder Weltwissens des Rezipienten, um die Kohärenzrelation herzustellen, vgl. (26). In (26a) wird auf Grund unseres Weltwissens Gretes Schubsen als Ursache für das Hinfallen von Hans verstanden. In (26b) hingegen wird kaum eine kausale Beziehung hergestellt, weil wir wissen, dass man normalerweise nicht hinfällt, nur weil man angeschaut wird: (26b) wird entweder als eine zeitliche Abfolge verstanden (Grete schaut, dann fällt Hans hin), oder indem Hans' Hinfallen als der Grund für Gretes Blick aufgefasst wird (Grete schaut nach, was dort passiert ist). Wird aber durch den Kontext geeignetes Wissen aktiviert, kann eine kausale Relation zwischen dem Anschauen und dem Hinfallen inferiert werden, vgl. (26c):

(26) a. Grete hat Hans geschubst. Er stolperte und fiel hin.
b. Grete hat Hans angeschaut. Er stolperte und fiel hin.
c. Gretes Blick hat eine erstaunliche Wirkung: Alles, was sie lange genug anschaut, fällt um. Guckt sie eine Tasse an, über kurz oder lang fällt diese vom Tisch, Bücher fallen aus dem Regal, alles, ich habe es selbst gesehen. Und gestern hat sie Hans beim Joggen zugeschaut, und was denkt Ihr? Er stolperte und fiel hin.

Für die kohäsiven Fälle, insbesondere bei grammatischen Konnektoren, stellt sich nun die Frage, wie die vom Konnektor gebildete syntaktische Satzverbindung mit der Kohärenz zusammenspielt. Können wir zumindest für den Fall, wo wir es syntaktisch nicht mit mehreren Sätzen, sondern mit einem zusammengesetzten Satz zu tun haben, von einer direkt abbildenden Beziehung zwischen der Syntax und den Kohärenzrelationen ausgehen? Ist es z.B. immer so, dass die koordinierende Konjunktion *und* eine koordinative Relation (Gruppe 1) unterstützt?

Hier ist ein kleiner Exkurs in die Syntax fällig: Syntaktisch gesehen können wir zwischen zwei Arten zusammengesetzter Sätze unterscheiden (eine Übersicht ist in der Tabelle gegeben; siehe auch Pittner/Berman (2010: Kap. 7):

(i) einer **Satzreihung (Parataxe)**, bei welcher mehrere Hauptsätze miteinander verbunden werden, und zwar mit einer koordinierenden Konjunktion (syndetische Parataxe) oder ohne Konjunktion (asyndetische Parataxe); und

(ii) einem **Satzgefüge** (**Hypotaxe**), bei dem ein Hauptsatz einen Nebensatz einbettet, welcher funktional und meist auch formal vom Hauptsatz abhängig ist. So wird der Teilsatz *Wird das Wetter morgen schön* als ein Nebensatz analysiert, weil er funktional abhängig ist: Er übernimmt die Funktion eines Konditionaladverbials im Hauptsatz.

Parataxe: **HS – (koord.K.) – HS**		**Hypotaxe:** **(sub.K.)** ***NS*** **– HS oder HS – (sub.K.)** ***NS***	
Das Wetter ist so schön, aber ich muss arbeiten.	SYNDETISCH	*Weil das Wetter so schön ist*, werde ich nachher joggen gehen.	NS EINGELEITET
Der Frühling ist da, alles blüht und grünt, die Vögel zwitschern.	ASYNDETISCH	Ich werde nachher joggen gehen, *weil das Wetter so schön ist.*	
		Wird das Wetter morgen schön, werde ich joggen gehen.	NS NICHT EINGELEITET
		Er sagte zu mir, *er werde joggen gehen.*	

Tabelle 3.1: Typen komplexer Sätze

Auch Kohärenzrelationen können in koordinierende und subordinierende Relationen eingeteilt werden. In der obigen Klassifikation sind die Gruppen 1 (koordinativ) und 5 (temporal) koordinierende Relationen. Hier werden mehrere Sachverhalte als gleichrangig dargestellt (Gr. 1) und darüber hinaus in eine zeitliche Beziehung gesetzt (Gr. 5). Alle anderen Relationen sind subordinierend, denn hier wird ein Sachverhalt relativ zu einem anderen beschrieben (z.B. als sein Grund, seine Bedingung usw.), und somit diesem untergeordnet.

Außerdem können wir die Beobachtung machen, dass ein Konnektor nicht nur textuell, d.h. für die Herstellung einer Kohärenzrelation, sondern – dies ist der Fall der Parataxe – auch syntaktisch nicht unbedingt notwendig ist. Diese beiden Kriterien – mit vs. ohne Konnektor und koordinierend vs. subordinierend – sind also auf beiden Ebenen, der syntaktischen und der Kohärenzebene, gegeben. So ist (27) ein Fall von syntaktischer Subordination mit einem eingeleiteten Nebensatz; zugleich steht der Nebensatz in einer expliziten konzessiven Relation zum Hauptsatz, so dass hier die beiden Ebenen zusammenfallen:

(27) Ich muss gleich mit dem Hund raus, obwohl es ganz fürchterlich regnet.

(28) Das Wetter ist so schön, und ich muss arbeiten.

Hingegen weichen in (28) die Ebenenverhältnisse voneinander ab: Syntaktisch gesehen stellt (28) eine syndetische Parataxe dar; auf der Kohärenzebene jedoch handelt es sich um eine implizite konzessive, und damit subordinierende, Relation. Wie das Beispiel (28) zeigt, sind Kreuzklassifikationen zwischen syntaktischen und textuellen Eigenschaften möglich, so dass man keineswegs von einer Ikonizität zwischen Syntax und Text sprechen kann (siehe auch Blühdorn 2008).

3.2 Kohärenzrelationen und konzeptuelle Grundmuster

Wir haben im vorigen Abschnitt gesehen, dass Kohärenzrelationen kohäsiv unterstützt werden können, aber nicht auf die Hilfe von Kohäsionsmitteln angewiesen sind. Was aber liegt den Kohärenzrelationen zugrunde, und wie entstehen sie?

Kohärenzrelationen gehen auf **konzeptuelle Grundmuster** zurück. Wir sind stets bemüht, alles, was wir wahrnehmen, als zusammenhängend, miteinander verbunden, zu verstehen. Diese Verbindungen, oder Grundmuster, sind nicht auf die Sprache begrenzt, sondern gelten für jegliche Konzeptualisierungen der Wirklichkeit, die wir vornehmen. Fasst ein kleines Kind eine Kochplatte an, und die Hand tut ihm weh, bildet es prompt einen Zusammenhang zwischen dem Anfassen und dem Schmerz, und fügt zu seinem Konzept der Kochplatte (vermutlich in etwa „ein schwarzer Kreis da oben“) hinzu: „Tut weh beim Anfassen“. Später wird diese Information dahingehend verfeinert, dass eine Kochplatte nur dann beim Anfassen weh tut, wenn sie heiß ist (was wiederum dann der Fall ist, wenn sie kürzlich an gewesen ist), und sonst nicht.

David Hume, ein britischer Philosoph des 18. Jahrhunderts, hat vorgeschlagen, dass es drei Arten von „Ideenverbindungen“ gibt: Ähnlichkeit, zeitliche oder räumliche Nachbarschaft und Verursachung. In Anlehnung an seinen Vorschlag wird angenommen, dass es dreierlei konzeptuelle Grundmuster gibt (vgl. Linke et al. 2004, Abschnitt 6.3.5):

1. Zwei Entitäten können in einer **koordinativen Beziehung** zueinander stehen, wenn sie einfach nebeneinander existieren – wie Berge und Flüsse in der Welt um uns herum, die nebeneinander, für uns Nicht-Experten aber wohl eher voneinander unabhängig, vorhanden sind. Diese Beziehung ist die schwächste.
2. Zwei Entitäten können in einer **temporalen Beziehung** zueinander stehen, sodass eine der anderen vorangeht oder folgt, oder aber die beiden zugleich gegeben sind. So stehen die Jahreszeiten in einer temporalen Beziehung zueinander, der Frühling kommt nach dem Winter und vor dem Sommer usw.
3. Die stärkste, d.h. informativste, konzeptuelle Grundverbindung ist die **kausale Beziehung**, bei der eine Entität die andere verursacht. So führt der Regen dazu, dass es Pfützen auf den Wegen gibt, und der Grund dafür, dass ich zu spät zur Arbeit kam, ist, dass ich meinen Bus verpasst habe.

Da wir dazu neigen, immer eine möglichst enge Verbindung zwischen zwei Entitäten zu finden, wird, wenn möglich, die kausale Beziehung angenommen, andernfalls eine temporale, und im Minimalfall eine koordinative Beziehung, wie in (29):

(29) Unterdessen wurde die Stadt Lissabon in Portugal durch ein Erdbeben zerstört, und der Siebenjährige Krieg ging vorüber, und Kaiser Franz der Erste starb, und der Jesuitenorden wurde aufgehoben und Polen geteilt, und die Kaiserin Maria Theresia starb, und der Struensee wurde hingerichtet, Amerika wurde frei, und die vereinigte französische und spanische Macht konnte Gibraltar nicht erobern. Die Türken schlossen den General Stein in der Veteraner Höhle in Ungarn ein, und der Kaiser Joseph starb auch. Der König Gustav von Schweden eroberte Russisch-Finnland, und die Französische Revolution und der lange Krieg fing an, und der Kaiser Leopold der Zweite ging auch ins Grab. Napoleon eroberte Preußen, und die Engländer bombardierten Kopenhagen, und die Ackerleute säten und schnitten. Der Müller mahlte, und die Schmiede hämmerten, und die Bergleute gruben nach den Metalladern in ihrer unterirdischen Werkstatt. (Johann Peter Hebel, Unverhofftes Wiedersehen)

So wird in (29) zumindest eine koordinative Beziehung angenommen: Die aufgezählten Vorkommnisse gelten nebeneinander. Wir können hier aber auch zusätzlich temporale Beziehungen annehmen: Einige der Ereignisse folgen auf die anderen (z.B. folgt der Tod des Kaisers Leopold II 1792 nicht nur in der textuellen Erwähnung, sondern auch tatsächlich auf den Beginn der Französischen Revolution 1789), einige Vorkommnisse gelten gleichzeitig, wie die kontinuierlichen Aktivitäten des Müllers und der Bergleute.

Dies bedeutet aber auch, dass oft zwischen zwei Entitäten *mehr als eine konzeptuelle Verbindung zugleich* bestehen kann. Das ist auch in (30) der Fall, wo die beiden Ereignisse zeitlich *und* kausal verbunden sind: Peter stöhnt zeitlich nach dem Schlag und zugleich wegen des Schlags auf:

(30) Paul schlug Peter. Peter stöhnte auf.

Dabei sind bestimmte Verbindungspaare konzeptuell ausgeschlossen; so muss z.B. eine Ursache zeitlich vor oder gleichzeitig mit der Folge gegeben sein, vgl. (31): Wenn Peter erst nach seinem Hinfallen geschubst wurde, kann das Schubsen nicht die Ursache für das Fallen sein. Entsprechend ist (31) inkohärent:

(31) #Peter ist hingefallen. Dann hat Paul ihn geschubst. Da bin ich mir ganz sicher, sonst wäre Peter nicht hingefallen.

Es gibt in der Literatur verschiedene Vorschläge, wie sich auf der Basis dieser drei Grundmuster, Koordination, zeitliche Abfolge und Verursachung, eine Vielzahl möglicher Kohärenzrelationen ableiten lassen (vgl. den Überblick in Kehler 2004). In Kapitel 7 werden wir einige dieser Vorschläge genauer anschauen.

3.3 Zusammenfassung

Kohärenz basiert wesentlich auf inhaltlichen Verbindungen zwischen Satzinhalten (sog. relationale Kohärenz). Diese werden oft, aber nicht notwendigerweise mit besonderen sprachlichen Mitteln, Konnektoren, markiert. Die Verbindungen können auf drei Grundmuster zurückgeführt werden: Koordination (gleichrangige Verknüpfung zweier Begebenheiten: *X und Y*), temporale Abfolge (relative zeitliche Anordnung zweier Begebenheiten: *X vor, nach* oder *gleichzeitig mit Y*) und Verursachung (eine Begebenheit verursacht eine andere: *X verursacht Y*).

Aufgabe 1: Bestimmen Sie die Art der Kohärenzrelation nach der Klassifikation von Fabricius-Hansen (2000); ist die jeweilige Relation implizit, oder wird sie explizit markiert? Sind die Konnektoren grammatisch oder lexikalisch:

a. Das Haus ist ziemlich klein, aber schön billig.
b. Das Haus ist schön billig, also nehmen wir's.
c. Wir haben im Lotto gewonnen, so dass wir das Haus kaufen können.
d. Sie haben nur wenig gespart, trotzdem wollen sie ein Haus kaufen.
e. Sie haben nichts gespart und keine Bank will ihnen Geld leihen.
f. Man muss viel sparen, vorausgesetzt, man will ein Haus kaufen.
g. Sie wollen ein Haus kaufen, weil sie etwas Geld gespart haben.

Aufgabe 2: Denken Sie sich einen kurzen Text aus, in welchem Folgendes vorkommt: (i) eine explizit realisierte konzessive Relation, (ii) eine implizite kausale Relation, (iii) eine syntaktisch koordinierende Struktur, die einer subordinierenden Kohärenzrelation entspricht, sowie (iv) eine syntaktisch subordinierende Struktur, die einer subordinierenden Kohärenzrelation entspricht.

Aufgabe 3: Bestimmen Sie die Form der syntaktischen Konnexion und die Kohärenzrelation; ist diese explizit oder implizit?

a. Ich mag Petra nicht. Sie ist immer schlecht gelaunt.
b. Eins der Telefone klingelte. Er ging ran.
c. Meine Schwester hilft mir bei der Arbeit. Sie sammelt Belege.

Grundbegriffe: Kohärenzrelationen; Konjunktionen, Konnektoren, Konnexion; Pronominaladverbien; relationale Kohärenz; Subordination vs. Koordination (syntaktische; textuelle).

Weiterführende Literatur: Zu Kohärenz und Kohäsion: Rickheit/Schade (2000); zur relationalen Kohärenz und Konnektoren: Hausendorf/Kesselheim (2008, Kap. 5); zu Konnektoren im Deutschen: Fabricius-Hansen (2000), Pasch et al. (2003).

4. Kohärenz und Referenz: Anaphern

Wir haben gesehen, dass ein Text dann als kohärent gilt, wenn man inhaltliche Beziehungen zwischen seinen Teilen herstellen kann. Diese müssen nicht unbedingt sprachlich expliziert werden, sondern können auch mit Hilfe des Weltwissens inferiert werden. Solche kohärenzstiftende Beziehungen können aber kaum bestehen, wenn es in den betreffenden Textteilen um völlig verschiedene Personen, Objekte oder Ereignisse geht, vgl. (1). Die Textvariante (2) hingegen ist kohärent, weil sie durchgängig von ein und derselben Person, dem König, handelt:

(1) #Es war einmal ein mächtiger König. Damals lebte in einem riesigen Palast eine wunderschöne Prinzessin, umgeben von allen denkbaren Reichtümern. Hunderte von Dienern waren bereit, einem verliebten Herzog jeden Wunsch zu erfüllen. Aber seine Angebetete war trotzdem unglücklich.

(2) Es war einmal ein mächtiger König. Er lebte in einem riesigen Palast umgeben von allen denkbaren Reichtümern. Hunderte von Dienern waren bereit, ihm jeden Wunsch zu erfüllen. Aber der König war trotzdem unglücklich.

Für die Kohärenz förderlich ist somit, dass in den Textteilen auf die gleichen Personen oder Objekte Bezug genommen (referiert) wird. Man spricht hierbei von **referenzieller Kohärenz**, während die inhaltlichen Verbindungen zwischen Textteilen, von denen in Kapitel 3 die Rede war, als **relationale Kohärenz** bezeichnet werden. Natürlich sind dies nicht zwei verschiedene Arten von Kohärenz, sondern zwei Aspekte, die in ihrem Zusammenwirken zum Entstehen von Kohärenz beitragen.

Unter **Referenz** eines sprachlichen Ausdrucks versteht man die Bezugnahme auf außersprachliche Entitäten, die mit diesem Ausdruck erfolgt. Diese Entitäten, **Referenten** genannt, können z.B. Objekte, Personen oder Ereignisse in der realen Welt sein, wie bei *die Erde, unsere Bundeskanzlerin* oder *der Fall der Mauer*; oder in einer fiktiven Welt, wie *Professor Snape* oder *Krieg der Sterne*. Die Referenz ist von der **Bedeutung** eines Ausdrucks zu unterscheiden, unter welcher man die Konzepte versteht, die mit sprachlichen Ausdrücken verbunden sind, z.B. „der Planet, auf dem wir leben" oder „die nach einem bestimmten Verfahren gewählte Regierungschefin im Land des Sprechers" (vgl. Schwarz/Chur 2004, Kap. 1). Diese zweifache Beziehung kann als das sog. **semiotische Dreieck** (siehe Bußmann 2008) zusammengefasst werden, vgl. (3):

(3) a. Konzept b. „der Planet, auf dem wir leben"

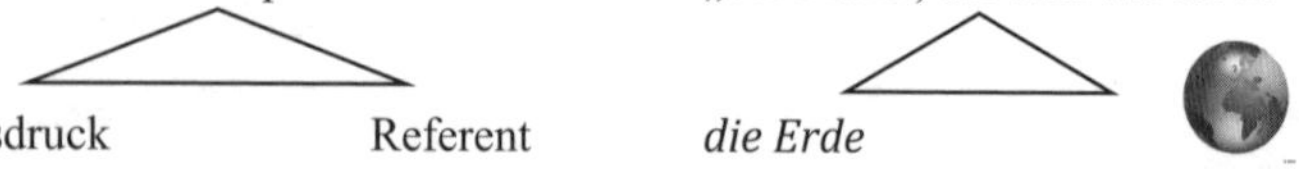

Ausdruck Referent *die Erde*

Nach der älteren, auf die Sprachphilosophen des späten 19. und frühen 20. Jahrhunderts wie Gottlob Frege und Peter Strawson zurück gehenden, Auffassung der Referenz, **dem semantischen Referenzansatz**, ist Referenz eine semantische Eigenschaft eines Ausdrucks: So wie ein Ausdruck eine bestimmte Bedeutung hat, hat er auch eine bestimmte Referenz, wobei Referenz die Bezeichnung für die Beziehung zwischen einem Ausdruck und Entitäten in der Welt ist; vgl. eine aktuelle Zusammenfassung semantischer Referenzansätze in Abbott (2010).

Nach diesem Ansatz sind es nur die Ausdrücke, die sich auf die aktuell real existierenden Objekte oder Personen beziehen, die referieren: Der Ausdruck *die Meerjungfrau* referiert nach diesem Ansatz (anders als der Ausdruck *die Erde*) nicht, weil ein solches Wesen in der realen Welt nicht existiert – auch wenn dieser Ausdruck durchaus eine bestimmte Bedeutung hat und somit auch verständlich ist, vgl. (4):

(4) **Bedeutung**
„ein Fabelwesen, halb Frau, halb Fisch“

Ausdruck **Referent**
die Meerjungfrau --

Spricht man von Referenz als einer Eigenschaft bestimmter Ausdrücke, so stellt sich die Frage, welche Ausdrücke überhaupt referieren können. Traditionell wird dem Nomen die Eigenschaft zugesprochen, auf Lebewesen und Objekte zu referieren, vgl. (5):

(5) a. Mein kleiner Bruder ist ein schrecklicher Angeber.
b. Kein Kind gibt so viel an wie mein kleiner Bruder.

Dabei können Nomina – genauer, Nominalphrasen (NPs), denn in (5) ist es die gesamte Nominalphrase *mein kleiner Bruder*, die auf eine bestimmte Person referiert – nur unter bestimmten grammatischen Bedingungen referieren. So referiert in (5a) die Nominalphrase *ein schrecklicher Angeber* nicht, weil sie syntaktisch gesehen als Teil des Prädikats des Satzes fungiert und deswegen auch semantisch gesehen der **Prädikation**, d.h. der Eigenschaftszuschreibung, und nicht der Referenz, dient: Hier wird dem Referenten der Subjekt-NP die Eigenschaft zugeschrieben, ein Angeber zu sein. Ebenso referiert die NP *kein Kind* in (5b) nicht, weil mit diesem Ausdruck gerade die Existenz eines entsprechenden Referenten (eines Kindes, welches so viel angibt wie mein kleiner Bruder) verneint wird.

Seit dem entsprechenden Vorschlag von Davidson (1967) wird meist auch für Verben angenommen, dass sie referieren, und zwar auf Situationen (Oberbegriff für Vorgänge wie *fahren*, Ereignisse wie *explodieren* und Zustände wie *schlafen*). Referiert ein Nomen wie *Löwe* auf ein bestimmtes Wesen (in dem Fall eine afrikanische Großkatze), so bezieht sich ein Verb wie *brüllen* auf einen Vorgang (in dem Fall den des Produzierens eines für Löwen typischen Geräuschs). In der Forschung umstritten ist die Frage, ob auch Adjektive und Adverbien wie in (6) referieren (vgl. Schwarz/Chur 2004: 85).

(6) Mein kleiner Brunder gibt schrecklich an.

Üblicherweise wird hier eher von Prädikation, d.h. der Eigenschaftszuschreibung an die durch Nomina bzw. Verben benannte Referenten (hier: Bruder ist klein, sein Angeben ist schrecklich), und nicht von Referenz, gesprochen.

Bei den späteren Untersuchungen zur Referenz wird zuerst bestimmt, auf was für eine Art Entitäten überhaupt sprachlich referiert werden kann. Es wird zwischen Situationsreferenz, Objektreferenz, Zeitreferenz und Ortreferenz unterschieden und untersucht, welche sprachlichen Ausdrücke für welche Art der Referenz typisch sind. Für Situationsreferenz sind Verbalphrasen und Sätze prädestiniert, während für Objektreferenz typischerweise Nominalphrasen verwendet werden. Für Zeitreferenz stehen Temporalausdrücke wie *heute*, *letztes Jahr* oder *danach* sowie Tempusformen zur Verfügung, und für Ortsreferenz werden vor allem lokale Adverbien und Präpositionalphrasen wie *dort* oder *hinter dem Schrank* gebraucht. Ob es sich bei der Zeit- und Ortsreferenz tatsächlich um das Referieren im Sinne eines Verweises auf außersprachliche Entitäten handelt, oder ob Referenz von einer zeitlichen und örtlichen **Lokalisierung** von Objekt- oder Situationsreferenten zu unterscheiden ist, ist in der Literatur umstritten. Seltener wird auch Referenz auf Eigenschaften (typischerweise durch Adjektive realisiert) angenommen. Für eine Übersicht über Arten von Referenz und entsprechende sprachliche Ausdrücke siehe Vater (2005), insbes. Kap. 4 für einen Literaturüberblick hinzu.

Die neueren Ansätze zur Referenz unterscheiden sich in erster Linie dadurch, dass sie einen entsprechenden Vorschlag von Searle (1969) aufgreifen und die Referenz eines Ausdrucks als an eine Situation, in der er gebraucht wird, gebunden betrachten. Referenz ist demnach eine Beziehung zwischen einem Ausdruck, einer Entität (dem Referenten), einem Sprecher und einem Hörer in einer bestimmten Situation. So gesehen ist Referenz eine aktive Handlung in einer bestimmten Kommunikationssituation: Sprecher vollziehen Referenz mit sprachlichen Ausdrücken, und Hörer etablieren Referenz im Verstehensprozess (Schwarz/Chur 2004).

Laut diesem **pragmatischen Konzept der Referenz** referiert beispielsweise der Ausdruck *die Bundeskanzlerin* nicht von sich aus auf die bestimmte Person namens Angela Merkel, die aktuell (2012) deutsche Bundeskanzlerin ist. Vielmehr hat in (7) der Autor des Berichts auf der offiziellen Bundeskanzleramt-Seite im April 2012 diesen Ausdruck zur Referenz auf diese Person *verwendet*, und ich oder Sie als Leser von (6) rekonstruieren diese Referenz:

(7) Die Bundeskanzlerin hob hervor, es sei wichtig, dass Prag den Stabilitätspakt ernst nehme. (Bericht auf www.bundeskanzlerin.de, 03.04.2012)

In einer anderen Situation jedoch kann derselbe Ausdruck zur Bezugnahme auf eine andere Person gebraucht werden: Eine andere reale Person, die zu einem späteren Zeitpunkt deutsche – oder z.B. österreichische – Bundeskanzlerin wird; oder eine fiktive Person, z.B. eine Roman- oder eine Filmheldin. Diese Tatsache würde übrigens ein Problem für den semantischen Ansatz der Referenz, nach welchem die bestimmte Referenz eine Eigenschaft des Ausdrucks an sich ist, darstellen.

Übernehmen wir dieses pragmatische Konzept der Referenz, so kann das semiotische Dreieck wie folgt pragmatisch modifiziert werden: Der Sprecher und der Hörer teilen ein bestimmtes Konzept davon, was z.B. eine Meerjungfrau ist: Ein Fabelwesen, halb Frau, halb Fisch, das auf dem Meeresgrund lebt und meist wunderschön ist. Das heißt, beide kennen die Bedeutung des Wortes *Meerjungfrau*. Der Sprecher kann nun dieses Wort zur Referenz auf eine ganz bestimmte (fiktive) Gestalt, die zu der Kategorie Meerjungfrau gehört, benutzen. Nehmen wir an, er liest dem Hörer das berühmte Märchen von H. Ch. Andersen vor. Der Hörer baut beim Zuhören ein Modell des Erzählten, eine Märchenwelt, auf, in welcher ein ganz bestimmter Referent „die kleine Meerjungfrau" existiert (und auch andere für unsere Welt ungewöhnliche Dinge und Personen alltäglich sind). Ebenso verfährt der Hörer aber auch bei Texten, die sich mit unserer Welt und gewöhnlichen Begebenheiten befassen. In den neueren linguistischen Literatur spricht man vom **Text-Welt-Modell** (**TWM**, z.B. de Beaugrande/Dressler 1981, Schwarz 2000), d.h. einem vom Hörer aktiv aufgebauten Modell eines Texts, in welchem die relationale und die referenzielle Kohärenz gelten muss (siehe auch Kelter (2003) zum Überblick über die Text-Welt-Modelle). So gesehen besteht die Referenz nicht zwischen einem Ausdruck und einem Referenten in der Welt, sondern einem Referenten im TWM. Diese Unterscheidung macht sich im Terminus **Diskursreferent**, d.h. Referent in einem Diskurs/Text bzw. in seinem Modell, klar.

(8)

Im Folgenden werden wir das Phänomen der Referenz (pragmatisch verstanden) in Texten betrachten. Dabei interessieren uns insbesondere die Möglichkeiten der wiederholten Bezugnahme auf dieselbe Referenten, die **Anaphorik**.

4.1 Arten von Anaphern

In Abschnitt 2.1 haben wir zwei Auffassungen von Anapher kennen gelernt: In der eher **formal** ausgerichteten Perspektive sind Anaphern bestimmte sprachliche Mittel, meist Personal- und Demonstrativpronomina (Linke et al. 2004), die zur Bezugnahme auf bereits erwähnte Referenten gebraucht werden. Hoffmann (2000) definiert die Anapher sogar explizit als eine (in erster Linie funktional bestimmte) Wortart mit drei Formen *er*, *sie*, *es*: Für Hoffmann sind die Personalpronomina nur diejenigen der 1. und 2. Person, die keine Genusunterscheidung haben. Die entsprechenden Ausdrücke der 3. Person mit Genusunterscheidung, die zur Koreferenzherstellung benutzt werden, nennt er Anaphern.

In der eher **funktional** ausgerichteten Perspektive werden Anaphern als all jene sprachlichen Mittel verstanden, die zur Herstellung von Koreferenz dienen, vgl. die Definition in Consten/Schwarz-Friesel (2007: 271): „Anaphern sind Ausdrücke, die innerhalb eines Textes einen anderen Ausdruck (*das Antezedens* oder *der Antezedent*) wieder aufgreifen und mit denen ein Sprecher somit auf einen im Text oder Diskurs bereits erwähnten Referenten erneut Bezug nimmt."

(9) Kennen Sie *Herrn B*, der nebenan wohnt? **Er** hasst Menschen und liebt seine Katzen über alles; diese sind quasi die Familie des alten Sonderlings. (Consten/Schwarz-Friesel 2007: 273)

Nach der formalen Definition von Hoffmann ist lediglich *er* (im Beispiel fett markiert) in (9) eine Anapher, die sich auf den Antezedenten *Herr B* (kursiv) bezieht. Nach der funktionalen Definition sind alle unterstrichenen Ausdrücke Anaphern, also auch die lexikalische NP *der alte Sonderling*, das Possessivum *seine* usw., weil sie sich alle auf den durch den Antezedenten *Herr B* etablierten Diskursreferenten erneut beziehen. (Im Folgenden behalte ich die in (9) verwendete Kennzeichnung des Antezedenten (oder des Bezugsausdrucks (sog. Ankers) in Kapitel 5 unten) durch Kursivierung, und der Anapher durch Unterstreichung.)

Aus der funktionalen Perspektive sind somit die im formalen Ansatz klar unterschiedenen Fälle von Anapher und Katapher (siehe 2.1) parallel zu betrachten: Unabhängig davon, ob der Ausdruck, der einen Referenten in den Text einführt, informativer als der wiederaufgreifende Ausdruck (Anapher) oder weniger informativ als dieser (Katapher) ist, wird das Wiederaufgreifen als anaphorisch betrachtet.

Der Terminus *Anapher* hat auch weitere Verwendungsweisen (siehe auch Hoffmann 2000): In der generativen Syntax, insbes. sog. Bindungstheorie, wird ausschließlich das Reflexivum *sich* und das Reziprokpronomen *einander* als Anapher bezeichnet; *er* usw. nennt man in diesem Ansatz Pronomen (siehe z.B. Fanselow/Felix

1987: 100). In der Stilistik nennt man die wörtliche Wiederholung eines Satz- oder Versanfangs (wie in dem Gedicht vom Wilhelm Müller *Fremd bin ich eingezogen, fremd zieh ich wieder aus*) Anapher. Im Folgenden wird die in der Textlinguistik verbreitete funktionale Definition der Anapher als eines Mittels zur sprachlichen Wiederaufnahme einer Referenz zugrunde gelegt.

Bei den bisher besprochenen Fällen handelt es sich um **direkte Anaphern**. Sie beruhen auf einer **Koreferenz**-Beziehung zwischen Ausdrücken: Ein durch den Antezedenten bereits eingeführter Referent wird durch die direkte Anapher wieder aufgegriffen. Meist sind sowohl der Antezedent als auch die Anapher nominale Ausdrücke, wie in (10), wo der Antezedent *Karpfen* und die Anapher *die Fische* Nomina (genauer Nominalphrasen, NPs) sind, und die Anaphern *sie* und *ihre* Pronomina:

(10) „Durch die Druckwellen erwachten *Karpfen* aus ihrer Winterstarre“, sagt Udo Dubnitzki, Wasserwart beim Kreisfischereiverein. Weil die Fische dann aber nichts zu fressen fanden, bauten sie ihre für den Winter angelegten Fettreserven ab – und waren im Frühjahr so geschwächt, dass sie verhungerten. (Schwäbisches Tagblatt, 15.05.09)

Dabei ist der Anaphern-Ausdruck in der Regel morphologisch **definit**. Zu den definiten Ausdrücken im Deutschen zählen Nominalphrasen mit einem definiten (*der Mann*) oder demonstrativen Artikel (*dieses Haus*), Personal- und Demonstrativpronomina (*ich*, *er*; *dies*, *der*) und Eigennamen (*Thomas*, *Hamburg*); vgl. Vater (2005).

Zum Zusammenhang zwischen Definitheit und anaphorischer Verwendung stellt der Duden (2009: 291) fest, dass ein Referent „hinreichend identifiziert“ werden muss, damit man sich auf diesen mit einer definiten Nominalphrase beziehen kann. Eine der Möglichkeiten solcher Identifizierung ist es, dass der Referent vorerwähnt wurde. Die erste Gruppe der definiten Ausdrücke in der an den Duden angelehnten Übersicht in (11) sind diejenigen, die wir hier als direkte Anaphern beschrieben haben. Darüber hinaus ist Folgendes möglich:

(11) **der Referent ist ...**

vorerwähnt	*Ein Mann und eine Frau kamen rein. Der Mann setzte sich hin.*
unikal / allgemein bekannt	*der Papst, die Sonne, die Mutter ...*
durch Attribuierung identi fiziert	*die Hefte, die ich korrigieren muss, ...*
in einer Generalisierung verwendet	*Die Lärche ist ein Nadelbaum.*

Hierzu sei angemerkt: Die Unikalität (d.h. Einzigartigkeit) und die allgemeine Bekanntheit des Referenten wird immer relativ zu einem bestimmten Weltausschnitt, von welchem gerade die Rede ist, bestimmt. Es gibt im Universum mehrere Sonnen, für unser Sonnensystem kann jedoch genau eine identifiziert werden, die wir dann *die Sonne* nennen. Ebenso gibt es in einer Abteilung meist einen einzigen Chef, eben *den Chef*, auch wenn es schon in der nächsten Abteilung derselben Firma (und erst Recht in einer anderen Firma) einen anderen Chef gibt.

Definitheit *kann* also, *muss* aber nicht, ein sprachlicher Hinweis darauf sein, dass ein Ausdruck direkt anaphorisch gebraucht wird. Dies kann man in (12) sehen:

(12) a. Ich habe eben *einen echten St.Pauli-Fan* gesehen. Der Mann / Er hatte ein riesiges St.Pauli-Tattoo auf der Wange.
b. #Ich habe eben *einen echten St.Pauli-Fan* gesehen. Ein Mann hatte ein riesiges St.Pauli-Tattoo auf der Wange.

(12a) verstehen wir so, dass die Ausdrücke *einen St. Pauli Fan* und *der Mann* bzw. *er* koreferent sind, und somit diese definiten Ausdrücke Anaphern sind. Indefinite Ausdrücke können keine direkte Anaphern sein: In (12b) ist keine Koreferenz zwischen den beiden indefiniten Ausdrücken möglich, *ein Mann* kann *nicht* der vorerwähnte St.Pauli-Fan sein, was (12b) inkohärent macht.

Clark (1977) weist darauf hin, dass nicht alle definiten NPs sich gleich gut als direkte Anaphern eignen, vgl. (13):

(13) Ich traf gestern *einen Mann* in der Bar.
a. Der/Dieser Mann hat mir eine halbe Stunde lang blöde Witze erzählt.
b. Der/Dieser Idiot hat mir eine halbe Stunde lang blöde Witze erzählt.
c. #Der/Dieser Arzt hat mir eine halbe Stunde lang blöde Witze erzählt.
d. #Der/Dieser schreckliche Dieb hat mir eine halbe Stunde lang blöde Witze erzählt.

Hier führt die anaphorische Wiederaufnahme des Mann-Referenten durch die definite NP *der Arzt* zu einer Inkohärenz, hingegen eine emotive NP *der Idiot* ist hier gut anaphorisch interpretierbar. Dies bedeutet jedoch nicht, dass nur emotive NPs gute Anaphern sind: *Dieser schreckliche Dieb* ist sicherlich emotiv nicht neutral, ist jedoch ebenfalls keine gute Anapher im Kontext von (13), wohingegen der neutrale Ausdruck *der Mann* in (13a) gut als Anapher geeignet ist. Ob die Wiederaufnahme kohärent ist oder nicht, hat nichts mit den involvierten NPs an sich zu tun, sondern damit, ob diese NP eine zusätzliche Information über den Referenten einbringt, und wenn ja, ob diese Information in dem entsprechenden Kontext relevant und erwartbar erscheint. Da in einer Im-Bar-Blöde-Witze-Erzählen-Situation es weder relevant noch direkt erschließbar ist, dass der Witze-Erzähler ein Arzt oder ein Dieb sein soll, kann diese neue Information nicht en passant via Anapher integriert werden; hingegen sind Emotionen seitens des Sprechers durchaus erwartbar, so dass (13b) kohärent ist.

Bei Zeitungsberichten erwarten die Leser, möglichst viel über die Personen, über welche berichtet wird, zu erfahren. Dort sind Ketten von direkt anaphorischen lexikalischen NPs, die allesamt neue Informationen über den Referenten erhalten, durchaus üblich, vgl. (14):

(14) Ein qualmender Hinterreifen hat sich in der Nacht zum Donnerstag als verräterisch *für eine angetrunkene Autofahrerin* erwiesen. Die 37-jährige Frau hatte auf der Fahrt von Erfurt nach Elxleben Brandgeruch bemerkt, gestoppt und das Auto in Augenschein genommen. Ein Mann, dem dies aufgefallen war, alarmierte die Polizei. Die Blutprobe ließ die Beamten staunen: Die Mutter von 3 Kindern hatte 3,16 Promille intus. Den Führerschein musste die Verkehrssünderin abliefern. (Thüringische Landeszeitung, zitiert nach Schwarz-Friesel (2006: 65))

Hier erfährt der Leser durch die anaphorischen NPs, dass es sich bei der angetrunkenen Autofahrerin, über welche hier berichtet wird, um eine 37-jährige Mutter dreier Kindern handelt. Schwarz-Friesel (2000a) spricht in solchen Fällen von **Spezifikationsanaphern**, weil sie den Referenten näher spezifizieren.

Die Suche nach dem geeigneten Antezedenten, auch „Auflösung der anaphorischen Referenz“ genannt, ist für den Adressaten eine zwar selten bewusste, aber jedoch aktive Leistung. So muss in (15) das sprachliche Wissen über die Genusformen des Personalpronomens und das Genus der Nomina *Tisch* und *Kommode* genutzt werden, um die Referenz von *sie* auf die Kommode aufzulösen:

(15) Im Zimmer stehen ein Tisch und eine Kommode. *Sie* ist rot.

Am deutlichsten kann man diese aktive kognitive Leistung in den Fällen nachvollziehen, wo es sprachlich gesehen mehrere Möglichkeiten der Referenzauflösung gibt, aus denen eine mit Hilfe vom konzeptuellen Wissen ausgewählt werden muss, oder wo sprachliches Wissen und Weltwissen im Konflikt sind, vgl. (16):

(16) a. *Müllers* sahen *die Alpen*, als sie nach Italien flogen.
b. In einer kleinen *Stadt* lebte einmal *ein Mädchen*. Ihre Eltern waren beide tot.

In (16a) muss sich sprachlich gesehen das Pronomen *sie* im zweiten Satzteil anaphorisch auf einen pluralen Referenten beziehen (dies sieht man an der Form des Verbs *flogen*). Davon stehen aber jeweils zwei zur Verfügung, die Müllers und die Alpen; jedoch kann die Referenz *sie = die Müllers* eindeutig aufgelöst werden, da unser Weltwissen uns sagt, dass Berge nicht fliegen können.

In (16b) widerspricht das sprachliche Wissen (*Mädchen* ist Neutrum, *Stadt* ist Femininum, das Possessivum *ihre* ebenso; *ihre* wäre demnach eine geeignete Wiederaufnahmeform für *die Stadt* und nicht für *das Mädchen*) dem Weltwissen (Mädchen sind weiblich; Mädchen können Eltern haben, Städte nicht), und es ist das Weltwissen, das letztendlich die richtige Referenzauflösung ermöglicht (und sich damit sogar über grammatische Beschränkungen hinwegsetzt).

Den bisher besprochenen Anapherntypen ist gemeinsam, dass sowohl der Antezedent als auch die Anapher NPs sind, die auf Personen oder Objekte referieren. Dies ist in (17) anders: Während hier die Anapher ebenfalls eine NP ist, fungiert jedoch ein ganzer Satz als Antezedent:

(17) Ein Auto stand am Straßenrand. Diese Tatsache/Das wunderte mich, denn hier blieb normalerweise keiner stehen.

Sätze sind Ausdrücke, die **propositionale Referenz** haben, d.h. auf Sachverhalte (Fakten) oder das Stattfinden von Situationen (Zuständen, Ereignissen, Prozessen) referieren. Im Falle der anaphorischen Bezugnahme auf propositionale Referenten spricht man von **Komplexanaphern** (Consten/Schwarz-Friesel 2007). Auch größere Einheiten als Sätze können Antezedenten von Komplexanaphern sein, wie in (18):

(18) Die Arbeitslosigkeit stieg in den letzten zwanzig Jahren kontinuierlich an. Neuerdings kommt dazu die fortschreitende Inflation, die nur im letzten halben Jahr über 100% beträgt. Diese Entwicklung ist gefährlich.

Hier bilden der erste und der zweite Satz zusammen den Antezedenten für den anaphorischen Ausdruck *diese Entwicklung*.

Als Komplexanaphern können lexikalische NPs dienen, die von ihrer Bedeutung her Zustände, Prozesse, Ereignisse oder Fakten benennen, ebenso wie Demonstrativpronomina *das* und *dies* (Singular Neutrum), vgl. (19):

(19) Gestern wurde Peter S. von einem tollwütigen Fuchs angegriffen.
   a. Dieser Vorfall/Dieses Unglück/Diese peinliche Begebenheit/Das/Dies geschah am Nachmittag, als er im Wald joggen war.
   b. Diese Tatsache/Das/Dies kann nicht ignoriert werden.

Weniger akzeptabel als Komplexanapher ist das Personalpronomen *es* (Consten/Schwarz-Friesel 2007: 287), vgl. (20) (zwei Fragezeichen zeigen eine strittige Akzeptabilität an):

(20) Diese Defizite abzubauen, wird erkennbar schwierig und langwierig sein. Gleichwohl ist dies / ??es die wichtigste Aufgabe fortschrittlicher Politik.

Dies hängt mit der Funktion der Komplexanaphern zusammen: Anders als direkte Nominalanaphern beziehen sie sich nicht auf einen bereits etablierten Referenten, sondern dienen dazu, ein Geschehen erst als einen Referenten zu erfassen und diesen neu erschaffenen Referenten im Text-Welt-Modell zu etablieren. Hier entsteht ein neuer „referenzieller Komplex", daher der Terminus *Komplexanapher*; vgl. Consten/Schwarz-Friesel (2007: 286). Ist ein Referent erst durch eine Komplexanapher etabliert, steht einer weiteren Wiederaufnahme durch ein Personalpronomen nichts mehr im Wege:

(21) a. Gestern habe ich Plätzchen gebacken. Das hat total Spaß gemacht. Den Kindern hat es auch total gut gefallen.
b. Die Lokführergewerkschaft GDL nimmt mit der Deutschen Bahn wieder Tarifverhandlungen auf. Diese Behauptung kursiert seit gestern im Internet. Sie sorgt für Unruhe in den Bahnkreisen.

4.2 Anaphorik und Deixis

Wir haben uns bisher mit der anaphorischen Referenz, d.h. der Referenz auf textuell bereits eingeführte Referenten, befasst. Es ist aber auch möglich, sprachlich auf unmittelbar in der Kommunikationssituation anwesende Objekte oder Personen zu verweisen. In diesem Fall spricht man von **deiktischer Referenz** oder **Deixis**, vgl. (22):

(22) a. (Vor einem Café stehend:) Dieses Café mag ich sehr gern.
b. Dér da/Ér/Der Mann neben Paula ist mein Mathelehrer.

Die Unterscheidung zwischen Anapher, d.h. dem Verweis auf textuell eingeführte oder verankerte (siehe Kap. 5 unten) Referenten, und Deixis, d.h. dem Verweis auf situational gegebene Referenten, geht wesentlich auf der Rezeption der Forschung der griechischen Antike zurück (siehe Consten 2004, Abschnitt 1.1).

Bestimmte sprachliche Ausdrücke werden **deiktische Ausdrücke** oder **Deiktika** genannt, weil nicht nur ihre Referenz, sondern auch ihre Bedeutung in einem besonderen Maße durch die Kommunikationssituation bestimmt wird. Zu Deiktika zählen Ausdrücke wie *hier*, *dort*, *links* (**lokale Deixis**), *jetzt, gestern* (**temporale Deixis**) und *du*, *ich*, *er* (**Personendeixis**). Die Bedeutung dieser deiktischen Ausdrücke kann nur unter Rekurs auf die Kommunikationssituation formuliert werden: So bedeutet bspw. *hier* in etwa „Ort der Kommunikationssituation" und *du* „der in der aktuellen Kommunikationssituation Angesprochene“ (siehe Meibauer 2001: Kap. 2). Darüber hinaus können aber auch definite lexikalische NPs deiktisch gebraucht werden, vgl. (23):

(23) (Beim Bäcker:) Ich nehme ein Stück von dem Apfelkuchen, und zwei von der Torte vorne, bitte.

Es fällt auf, dass es dieselben sprachlichen Mitteln sind, die zur deiktischen und zur anaphorischen Referenz gebraucht werden (dies gilt nicht ausschließlich für das Deutsche, sondern kann sprachübergreifend beobachtet werden). Mehr als das, in einer konkreten Situation kann es schwierig sein zu beurteilen, ob die Referenz deiktisch oder anaphorisch intendiert ist, vgl. (24):

(24) (A und B unterhalten sich während einer Autofahrt) A: „Mein Bruder will jetzt Scientologe werden.“ (Ein anderes Auto überholt riskant.) B: „Der spinnt doch!“ (Consten 2008: 41)

Hier ist es unklar, ob B sich in der aktuellen Gesprächssituation mit dem Pronomen *der* anaphorisch auf As Bruder, oder aber deiktisch auf den Fahrer des überholenden Autos bezieht, da hier die sprachliche und die situationale Verankerung der Referenz gleich plausibel erscheinen.

Umgekehrt gibt es Fälle, wo sprachliche und nicht-sprachliche Informationen gemeinsam zur Auflösung der Referenz beitragen. Man denke nur an ein sehr häufiges Muster in der Boulevardpresse, wo ein Bild zusammen mit einem Pronomen (oder mit der Nennung eines Namens) der Auflösung der Referenz dient. Textuelle und situationale Faktoren können also in einer konkreten Situation – ob kompetitiv oder sich gegenseitig unterstützend – interagieren.

4.3 Zusammenfassung

Eine der wichtigsten Eigenschaften sprachlicher Ausdrücke ist es, auf Außersprachliches Bezug zu nehmen, vor allem auf Objekte oder Personen zu verweisen, auf diese zu referieren. Kein Text wird als kohärent empfunden, ohne dass in ihm eine referenzielle Kohärenz besteht, d.h. bestimmte Personen oder Objekte (Referenten) eingeführt und anschließend erneut erwähnt werden. Diese Bezugnahme erfolgt meist mit Nominalphrasen, wobei deren (In)Definitheit ein deutliches Zeichen dafür ist, ob der entsprechende Referent zum ersten Mal erwähnt oder wieder erwähnt wird. Die Bezugnahme auf vorerwähnte Referenten nennt man Anaphorik, wobei man zwischen (i) direkten nominalen Anaphern, d.h. der Wiedererwähnung von bereits bekannten Referenten mit oder ohne Zusatzinformationen zu diesem Referenten zu geben, und (ii) Komplexanaphern, d.h. der Bezugnahme auf ganze Sachverhalte als wären sie Objekte, unterscheidet. Referenz ist auch als Bezugnahme auf direkt in der Kommunikationssituation anwesende Personen und Objekte, möglich; dies wird Deixis genannt.

Aufgabe 1: Bestimmen Sie für alle definiten Ausdrücke im folgenden Text, ob es sich dabei um direkte Anaphern handelt, und in welche Gruppe nach Duden die übrigen definiten Ausdrücke eingeteilt werden können:

> [Textbeginn:] Der Mond ist der einzige natürliche Himmelskörper, der um die Erde kreist. Steht er am Himmel, so ist er ein sehr auffälliges Gestirn. Deshalb prägte er zusammen mit der Sonne die Kalender der Menschen. Im Laufe des Monats wechselt sein Anblick, da wir einmal mehr und dann wieder weniger seine Tagseite sehen.
>
> (http://lexikon.astronomie.info/mond)

Aufgabe 2: Bestimmen Sie für die *kursivierten* Ausdrücke in (a)-(b), ob es sich um Anaphern handelt, wenn ja, geben Sie den jeweiligen Anapherntyp an (direkte nominale Anapher; nominale Spezifikationsanapher; Komplexanapher) an:

a. *Die Erde* ist eine Scheibe. *Diese Behauptung* ist nicht wahr, *sie* dient nur als ein linguistisches Beispiel.

b. *Anna S.* ist müde. Seit Tagen hat *die Studentin* für ihre Klausuren gelernt und wenig geschlafen. Für *die 20-Jährige* ist *dies* ein Ausnahmezustand.

Grundbegriffe: Anapher, formale vs. funktionale Definition; Komplexanapher; Deixis; Diskursreferent; Koreferenz; Referenz; Text-Welt-Modell.

Weiterführende Literatur: Zum formalen Konzept der Anapher: Hofmann (2000); zur funktionalen Definition der Anapher und verschiedenen Anaphernarten Schwarz (1997), Consten/Schwarz (2007); zu Deixis: Meibauer (2001: Kap. 2).

5. Indirekte Anaphern und Bridging

Wir haben oben gesehen, dass Definitheit oft auf eine anaphorische Verwendung des Nomens deutet. Sind dann auch die definiten Ausdrücke *der Motor* und *(de)m Fahrer* in (1) Anaphern?

(1) Links am Rande der morgens wie immer stark befahrenen Straße stand *ein rotes Auto*. Der Motor war noch warm, vom Fahrer aber fehlte jede Spur.

Die Ausdrücke sind definit, ohne dass es sich um eine Generalisierung handeln würde, eine Attribuierung liegt auch nicht vor, und man kann kaum von Einzigartigkeit sprechen: Da die Straße stark befahren ist, gibt es dort wohl viele Autos mit Motoren und Fahrern. Die entsprechenden Referenten sind aber nicht vorerwähnt, weswegen wir hier nicht von direkter Anaphorik sprechen können. Jedoch eine Art Bezug zum Vortext ist hier durchaus gegeben: Die definiten Ausdrücke sind hier nur deswegen möglich, weil ein Auto erwähnt wurde, und die NPs *der Motor* und *der Fahrer* als Bezeichnungen für den Motor/Fahrer des vorerwähnten Autos verstanden werden. Clark (1977) wählt eine bildliche Metapher für die **Inferenzen**, d.h. die vom Leser gemachte Schlussfolgerungen, in (1): Sie seien wie eine Brücke zwischen dem vorerwähnten Auto und der neuen Information (Motor, Fahrer), die der Hörer bauen muss. Deswegen ist seit Clark der Terminus **Brückeninferenzen** (bridging inferences oder einfach **bridging**) verbreitet. Da der Sprachpsychologe Clark mit seinem 1977-Aufsatz einen großen Einfluss auf die nachfolgende linguistische und psychologische Forschung ausgeübt hat, soll im Folgenden auf sein Konzept der Brückeninferenzen genauer eingegangen werden. Danach konzentrieren wir uns auf die definiten NPs als Brückeninferenzauslöser, auch als indirekte Anaphern bekannt. Anschließend wird auf die Unterscheidung zwischen den direkten und den indirekten Anaphern eingegangen.

5.1 Brückeninferenzen

Clark (1977) weist darauf hin, dass die Bedeutung einer Aussage wie in (2) mehr ist, als nur die Behauptung, dass der Sprecher kein Betrüger ist:

(2) Ich bin kein Betrüger.

Damit (2) pragmatisch wohlgeformt ist, muss die Möglichkeit, dass der Sprecher ein Betrüger ist, kontextuell vorhanden sein, d.h. entweder von seinem Verhalten nahe gelegt sein, oder von jemand Drittem behauptet werden. Solche Schlussfolgerungen, die der Hörer aus dem Gesagten auf Grund von allgemeinen Prinzipien der Kommunikation (wie „sei relevant“ oder „sage nicht zu viel und nicht zu wenig“) zieht, werden in der Pragmatik **Implikaturen** genannt (vgl. Meibauer 2001: Kap. 3; siehe auch unten Kapitel 6). Die Behauptung in (2) wäre irrelevant und somit „zu viel gesagt“, wenn sie einfach „out of the blue“ käme; deswegen denkt man sich als Hörer Umstände hinzu, in denen (2) relevant und informativ wäre.

Auch Clark (1977) spricht hier von Implikaturen, die er auch **autorisierte Inferenzen** nennt, d.h. Schlussfolgerungen, die Hörer in einer systematischen Weise machen, und die von Sprecher beabsichtigt („autorisiert") sind. Solche Inferenzen hören automatisch dann auf, wenn minimal notwendige, mit dem bisherigen Wissen kompatible Zusatzannahmen gemacht wurden (siehe auch Kap. 6):

(3) Ich schaute in das nächste Zimmer rein. Die Decke war sehr hoch.

In (3) löst der definite Artikel in *die Decke* eine Inferenz aus, dass die Decke diejenige von dem vorerwähnten *nächsten Zimmer* sein muss. Alle weiteren Informationen über das Zimmer (wie groß es war, welche Möbel da standen usw.) oder über die Decke (z.B. ob sie mit Stuck verziert war) sind jedoch an dieser Stelle irrelevant, sodass der Hörer keine diesbezüglichen Überlegungen anstellt. Brückeninferenzen wie in (3) fungieren **rückwärts**: Wenn der Hörer *die Decke* hört, braucht er Informationen aus dem Satz davor (dass es um ein Zimmer geht), um die Inferenz zu ziehen.

Wie kann aber der Sprecher eine solche rückwärtige Inferenz autorisieren? Er muss dem Hörer ein klares sprachliches Signal geben, dass hier eine Brücke gebaut werden muss. In (3) haben wir gesehen, dass das Verwenden einer definiten NP ein solches Signal sein kann. In (4) wird nicht durch eine morphologische Kennzeichnung, sondern syntaktisch ein entsprechendes Signal gegeben: Hier wählt der Sprecher eine bestimmte syntaktische Konstruktion, einen sog. Spaltsatz, die suggeriert, dass die Proposition *jemand ist weggegangen* als gegeben betrachtet werden kann:

(4) Es war Mary, die weggegangen war.

Clark (1977) unterscheidet vier Untergruppen von Brückeninferenzen. Die erste Gruppe bilden **Inferenzen der direkten Referenz**. Dies sind Fälle, welche die direkten Anaphern (siehe Kap. 4 oben) beinhalten, wie in (5):

(5) a. Ich traf gestern *einen Mann*. Er hat mir eine Geschichte erzählt.
b. *Eine Person* fehlte. Die Frau war vermutlich nach Hause gegangen.

Hier ist es die Identität der Personen, die durch *ein Mann* und *er* bzw. *eine Person* und *die Frau* benannt werden, die inferiert werden muss. Clark weist darauf hin, dass sogar in solchen einfachen Fällen der direkten Koreferenz wie in (5) diese Koreferenz (anders als z.B. das grammatische Merkmal Definitheit im Deutschen) nicht direkt an den sprachlichen Ausdrücken selbst markiert werden kann, sondern vom Hörer erschlossen werden muss. Auch hier sind demnach Brückeninferenzen am Werk. In der nachfolgenden Literatur wird jedoch der Begriff Brückeninferenz meist für die Gruppen 2-4 (s.u.) ohne direkte Koreferenz gebraucht.

Nicht mehr von direkter Koreferenz i.e.S. kann die Rede in (6) sein; vielmehr wird hier eine Teil-Ganzes-Beziehung zwischen den zwei Gestalten und der Frau inferiert: Die Frau ist eine der beiden Gestalten. Hinzu kommt eine weitere Inferenz, und zwar, dass die andere Gestalt ein Mann (oder ein Kind, ein Tier usw., jedoch keine Frau) war:

(6) Ich sah vor mir *zwei Gestalten.* Die Frau trug einen komischen gelben Mantel.

Das Bsp. (6) befindet sich schon am Übergang zu der 2. Gruppe der Brückeninferenzen, welche Clark als **Inferenzen der indirekten Referenz durch Assoziation** bezeichnet. Hier wurde das durch die definite NP benannte Objekt nicht vorerwähnt, jedoch besteht zwischen ihm und einem vorerwähnten Objekt eine klare assoziative Beziehung:

(7) Ich schaute in das nächste Zimmer rein.
 a. Die Decke war sehr hoch.
 b. Das Fenster blickte auf einen ruhigen Innenhof.
 c. Der Kronleuchter verbreitete ein ungewöhnlich helles Licht.
 d. #Das Lagerfeuer verbreitete ein ungewöhnlich helles Licht.

In (7a) ist eine Decke ein **notwendiger (konstitutiver) Bestandteil** eines Zimmers: Kein Zimmer ist ohne Wände und eine Decke möglich. In (7b) ist ein Fenster zwar kein notwendiger, aber immerhin ein sehr **wahrscheinlicher Bestandteil** eines Zimmers: Es gibt zwar, speziell in modernen Bürogebäuden, auch Zimmer ohne Fenster, typischerweise haben Zimmer jedoch schon Fenster. In (7c) ist ein Kronleuchter zwar kein typischer (hingegen heutzutage eher seltener), aber immerhin ein **ableitbarer Bestandteil** eines Zimmers. Deswegen kann in all diesen Fällen die Brückeninferenz gezogen werden, dass die Decke, das Fenster bzw. der Kronleuchter Teile des vorerwähnten Zimmers sind. Benennt die definite NP einen Gegenstand, der nicht aus dem Vorerwähnten ableitbar ist, wie *das Lagerfeuer* in (7d), so kann keine Brückeninferenz gezogen werden, und (7d) erscheint inkohärent.

Die dritte Gruppe der Brückeninferenzen bilden **Inferenzen der direkten Referenz durch Charakterisierung**. Hier wird ebenfalls ein nicht vorerwähntes Objekt oder Individuum durch die Definitheitsmarkierung an der betreffenden NP als bereits gegeben präsentiert, wobei die Inferenz dadurch ausgelöst wird, dass es eine bestimmte Rolle in der zuvor beschriebenen Situation spielt, vgl. (8):

(8) *John wurde* gestern früh *ermordet.*
  a. Der Mörder konnte ungesehen entkommen.
  b. Das Messer lag neben der Leiche.

(9) *John starb* gestern in der Früh. Der Mörder konnte leider entkommen.

In (8) wird – ausgehend von der beschriebenen Situation einer Ermordung von John – für die definite NP *der Mörder* die **notwendige (konstitutive) Rolle** „Mörder von John", und für *das Messer* „Mordinstrument" inferiert. In (9) wird im ersten Satz nicht gesagt, auf welche Weise, ob mit oder ohne Beteiligung Dritter, John zu Tode gekommen ist. Es besteht jedoch die Möglichkeit, dass sein Sterben ein Mord war (da Ermordet-Werden eine Unterart von Sterben ist), und so gibt es in der im ersten Satz beschriebenen Situation eine **mögliche Rolle** „Johns Mörder". Wird hier die definite NP *der Mörder* gebraucht, ziehen wir als Leser zweierlei Inferenzen: Dass John ermordet wurde, und dass es im zweiten Satz um seinen Mörder geht. Dabei sind nicht alle Rollen in einer Situation gleichermaßen zugänglich:

(10) *John starb* gestern in der Früh. #Das Messer lag neben der Leiche.

So scheint in der obigen Sterben-Situation zwar der Mörder gut zugänglich zu sein, die Mordwaffe hingegen nicht: (10) klingt deutlich schlechter als (8b). Eine aktuelle Untersuchung dazu, welche Rollen wann für Brückeninferenzen zugänglich sind, liefert Irmer (2011).

Typisch für die Gruppen zwei und drei von Clark (1977) ist, dass die Inferenzen durch eine definite NP ausgelöst werden, welche sich auf ein nicht direkt vorerwähntes Objekt oder Individuum bezieht.

Die vierte Gruppe von Brückeninferenzen bilden inferierte **Gründe**, **Ursachen**, **Folgen** und **Parallelen**. Hier wiederum sind es bestimmte sprachliche Signale, die diese Inferenzen auslösen.

(11) a. John kam zur Feier. Diejenige, die er zu treffen hoffte, war Mary.
  b. John fiel hin. Was passierte, war, dass er sich den rechten Arm brach.

In (11) ist der syntaktische Aufbau des jeweils zweiten Satzes so, dass er bestimmte Inferenzen fördert. In (11a) wird durch den restriktiven Relativsatz vorausgesetzt (der Terminus ist „präsupponiert"; siehe Kapitel 6 unten), dass John jemanden treffen wollte. Diese Präsupposition führt zusammen mit der Satzabfolge selbst zu der Inferenz „Johns Wunsch, Mary zu treffen, war der *Grund*, weshalb er zu der Feier kam". In (11b) präsupponiert der Pseudospaltsatz, dass etwas passierte (vgl. Levinson 2000), und diese Präsupposition führt in Verbindung mit den Satzinhalten zu der Inferenz

„Johns Armbruch war die *Folge* davon, dass er hingefallen ist".

In (12) ist es der Ausdruck *auch*, der die Inferenz mit auslöst:

(12) John ist ein Republikaner. Mary ist auch etwas seltsam.

Damit der zweite Satz mitsamt der von *auch* ausgelösten Präsupposition „jemand außer Mary ist etwas seltsam" sinnvoll auf den ersten Satz folgen kann, wird hier eine gewisse Parallelität zwischen John und Mary inferiert, in etwa: „John ist, ebenso wie Mary, etwas seltsam; in seinem Fall ist es kein Wunder, sind doch alle Republikaner seltsam. Mary ist zwar keine Republikanerin, aber sie teilt mit John die Eigenschaft, seltsam zu sein".

Eine Kontextverankerung nach dem Muster der Gruppe 4, bei der der Inhalt eines der beiden benachbarten Sätze als Grund, Ursache oder Folge des Inhalts des zweiten Satzes verstanden wird, kann jedoch auch ohne einen expliziten sprachlichen Auslöser erfolgen, vgl. (13):

(13) a. John kam zur Feier. Er wollte Mary treffen.
b. John fiel hin. Er brach sich den rechten Arm.

Auch in (13a) wird wie in (11a) inferiert, dass der Wunsch Mary zu treffen der Grund für Johns Kommen ist. Ebenso wird in (13b) wie in (11b) inferiert, dass der Armbruch die Folge von Johns Fall ist. In anderen Worten, die Inferenzen in (11) und (13) werden unabhängig davon gezogen, ob es einen expliziten Auslöser gibt. In Kapitel 3 haben wir zwischen explizit sprachlich markierten (wie in (11)) und impliziten, auf Grund vom Kontext- oder Weltwissen inferierbaren Kohärenzrelationen, unterschieden. Letzteres ist in (13) der Fall, wo auf Grund des Weltwissens über den häufigen Zusammenhang von Fallen und Sich-den-Arm-Brechen die Äußerungen zu einem kohärenten Ganzen verbunden werden. Zu Brückeninferenzen nach Clark (1977) zählen nur die sprachlich explizit markierten Fälle wie (11), in denen Brückeninferenzen durch die Wahl bestimmter Lexeme oder syntaktischer Strukturen vom Sprecher autorisiert sind.

Clark sieht alle besprochenen autorisierten rückwärtigen Inferenzen als eine Untergruppe der (konversationellen) **Implikaturen** an, da sie (i) zum Gemeinten, und nicht zum Gesagten gehören, (ii) auf der Übereinkunft zwischen dem Sprecher und dem Hörer beruhen, dass alte, d.h. bereits bekannte, Information als solche markiert wird, und (iii) zwar aus dem Gesagten ableitbar sind, aber wesentlich auf dem Situations- und Weltwissen basieren. All dies sind die Eigenschaften, die auch die Implikaturen haben (siehe Meibauer 2001, Kap. 3). In der nachfolgenden Literatur wird jedoch zwischen konversationellen Implikaturen und Brückeninferenzen unterschieden. Ein Grund dafür ist, dass Brückeninferenzen im Gegensatz zu Implikaturen weder bekräftigbar noch aufhebbar sind, vgl. (14):

(14) Ich schaute in das nächste Zimmer rein. Die Decke war sehr hoch.
BI: Die Decke ist die Decke des eben erwähnten Zimmers.
a. Ich schaute in das nächste Zimmer rein. #Die Decke des eben erwähnten Zimmers war sehr hoch.
b. Ich schaute in das nächste Zimmer rein. Die Decke war sehr hoch. #Es war allerdings die Decke eines anderen Zimmers.

Von Implikaturen kann man hingegen im Fall von impliziten Relationen wie in (13) reden, vgl. (15):

(15) John fiel hin. Er brach sich den rechten Arm.
Inferenz: John fiel hin, und deswegen brach sein Arm.
a. John fiel hin. Deswegen brach er sich den rechten Arm.
b. John fiel hin. Er brach sich den rechten Arm, aber kurioserweise nicht beim Fallen, sondern erst nachdem er wieder aufgestanden war: Er stütze sich so ungünstig auf ein Regal, dass dieses seinen Arm einklemmte und brach.

Hier ist die maximale Kohärenz dann gegeben, wenn Johns Armbruch als Folge von seinem Fall angesehen werden kann, und die beiden Ereignisse nicht nur eine zeitliche Abfolge bilden (siehe Kapitel 3.2, sowie 9.1 unten zum Kohärenzmaximierungsprinzip der SDRT). Dies gilt jedoch nur, solange nichts Gegenteiliges gesagt wird: Die betreffenden Inferenzen sind, anders als die Brückeninferenzen, bekräftigbar (wie in (15a)) und aufhebbar (vgl. (15 b)). Implikaturen und Brückeninferenzen können beide als sprachlich basierte Inferenzen, die vom Textrezipienten gemacht werden, erfasst werden, die der Kohärenzmaximierung dienen.

5.2 Indirekte Anaphern

Wir haben gesehen, dass bei den Gruppen zwei und drei von Clark (1977) die Inferenzen durch eine definite NP ausgelöst werden, welche sich auf ein nicht direkt vorerwähntes Objekt oder Individuum bezieht. Solche inferenzauslösende definite NPs werden Bridging-Anaphern oder **indirekte Anaphern** (z.B. Schwarz 2000) genannt. Neuere Untersuchungen der Gehirnaktivität bei der Verarbeitung der indirekten Anaphern zeigen, dass diese eine Zwischenstellung zwischen neuen indefinit markierten NPs und direkten Anaphern einnehmen, was die Geschwindigkeit der Verarbeitung und die begleitenden neuronalen Prozesse betrifft (Burkhardt 2006).

Indirekte Anaphern haben im Vortext keinen Antezedenten, mit dem sie koreferent wären, sondern lediglich einen Bezugsausdruck, einen „**Anker**" (Schwarz 2000). Die Herstellung der Referenz bei indirekten Anaphern erfolgt unter Einbeziehung von sprachlichem Wissen, Situationswissen oder Weltwissen (vgl. Consten 2004: Kap. 2). Im Eingangsbeispiel (1) ist es in erster Linie die semantisch basierte Teil-Ganzes-Beziehung zwischen der Anapher (Motor bzw. Fahrer) und dem Anker (Auto), die die referenzielle Kohärenz gewährleistet. In (16) erlaubt die Gleichlautung des Verbs *bremsen* und des Nomens *die Bremse(n)*, sich mit dem Pronomen *die* auf die nicht vorerwähnte Bremsvorrichtungen zu beziehen (zusammen mit dem Wissen darüber, dass Bremsen ein notwendiger Bestandteil eines Autos sind):

(16) *Bremsen* ging nicht, weil die nur heiß wurden, ohne daß der Wagen langsamer wurde. (Express, zitiert nach Consten 2004: 86)

Eine häufige Basis für indirekte Anaphorik liefern **konzeptuelle Schemata**, d.h. standardisierte Muster, in deren Form unser Weltwissen modelliert werden kann. Bei solchen Mustern wird üblicherweise zwischen statischen Schemata, sog. **Frames**, und dynamischen Vorgangsabläufen, sog. **Szenarios** oder **Scripts**, unterschieden (vgl. Brown/Yule 2004: Kap. 7.6). So ist unser Wissen über ein Krankenzimmer eher statischer Natur, d.h. ein Frame, welches bestimmte Objekte (Bett, evtl. medizinische Geräte) und Personen (Kranke, Krankenschwestern, Ärzte) beinhaltet. Unser Wissen über einen normalen Arztbesuch ist eher dynamisch strukturiert, in Form eines Skripts: Man ist krank, kommt in die Arztpraxis und zeigt der Arzthelferin seine Versichertenkarte, wartet im Wartezimmer, wird von einem Arzt oder Ärztin (evtl. im weißen Kittel) untersucht und bekommt ggf. noch ein Rezept, mit dem man anschließend in die Apotheke geht. Seit den 1980er Jahren wurde in zahlreichen psycholinguistischen Versuchen die Relevanz solcher schematisierten Wissensstrukturen für das Textverstehen belegt (einen kurzen Überblick findet man in Christmann 2000).

Auf solchem Frame-Wissen über Hochzeiten beruhen die indirekten Anaphern in (17):

(17) Gestern musste ich einen *Hochzeitsempfang* ausrichten.
a. Die Braut trug ein rosa Minikleid und echte Blumen im Haar.
b. Die Torte war ein wahres Kunstwerk.
c. Die Tischdekoration war ganz in rosa gehalten.
d. Blöderweise wollten die Reden kein Ende nehmen.

Der Ankerausdruck *Hochzeitsempfang* aktiviert das entsprechende Frame-Wissen, zu dem Braut und Bräutigam, aber auch ein festlich geschmückter Raum, eine Hochzeitstorte, Gäste, Reden usw. gehören, und erlaubt den indirekt anaphorischen Bezug auf diese Bestandteile des Frames. Gehört ein Gegenstand nicht zum Frame, ist ein indirekt anaphorischer Bezug darauf nicht kohärent, vgl. (18):

(18) Gestern musste ich einen *Hochzeitsempfang* ausrichten. #Die freundliche Arzthelferin half mir dabei.

Indirekte Anaphern werden, wie die obigen Beispiele zeigen, bevorzugt durch definite lexikalische Nominalphrasen realisiert:

(19) Peter hat letzten Monat *geheiratet*.
a. Sie ist eine seiner Studentinnen.
b. Die Torte kam aus einer Pariser Konditorei und war ein Meisterwerk./ #Sie kam aus einer Pariser Konditorei und war ein Meisterwerk.

Pronomina als indirekte Anaphern sind ausschließlich bei sprachlich (semantisch oder lexikalisch) basierter Verankerung zulässig. So kann in (19a) die Referenz auf die Braut auch pronominal erfolgen, weil der Ankerausdruck *heiraten* ein zweistelliges Verb ist (*x heiratet y*), und *sie* hier somit die Argumentstelle des Verbs füllt. Auch lexikalische Verankerung wie in (16) oben, *bremsen* für *sie (= die Bremsen)* kann eine pronominale Anapher ermöglichen (vgl. Schwarz 2000: 66, Consten 2004: 84-86). Bei einer framebasierter Verankerung wie in (19b) sind Pronomina nicht wohlgeformt.

5.3 Direkt oder indirekt?

Es gibt Fälle, bei denen es schwierig zu entscheiden ist, ob es sich um direkte oder indirekte Anaphern handelt. Wir haben oben in 4.1 die Koreferenz zwischen dem Antezedenten und der Anapher als das entscheidende Kriterium eingeführt. Die Suche nach dem geeigneten Antezedenten wird, wie wir dort gesehen haben, mit grammatischen Mitteln erleichtert. Wir können also festhalten, dass eine direkte Anapher koreferent mit ihrem Antezedenten ist, und die Koreferenz sich in der morphologischen Kongruenz (Übereinstimmung in Genus und/oder Numerus) zwischen der Anapher und ihrem Antezedenten manifestiert. Wie kann man aber Beispiele wie (20) und (21) (diese – belegten – Beispiele stammen aus Consten 2004: 91-92) einordnen?

(20) Wir zeigen einen Ausschnitt aus einem Video von *der Band*, die als nächstes da sind.

(21) [Ein Sanitäter spricht über seinen Tag] Dann hatten wir *eine Kreislaufschwäche*, der war weiß wie die Wand und konnte kaum gehen.

Hier liegt zunächst einmal keine morphologische Kongruenz vor. Lässt sich hier dennoch von Koreferenz sprechen? In (20), wo ein morphologisch als Singular markierter Antezedent auf eine Gruppe von Menschen referiert, können wir schon annehmen, dass sich auch das Pluralpronomen *die* genau auf dieselbe Gruppe bezieht, diese jedoch auch grammatisch als eine plurale Entität auffasst. In (21) ist die Entscheidung schwieriger: Bezieht sich der Antezedent *eine Kreislaufschwäche* auf ein bestimmtes gesundheitliches Problem (was der regulären NP-Bedeutung entsprechen würde), und die Anapher auf eine (männliche) Person, die dieses Problem hat? Dann würde eigentlich keine Koreferenz vorliegen, und es müsste sich hier um eine indirekte Anapher handeln. Oder aber wird hier mit einem hervorstechenden Merkmal (in diesem Fall der Krankheit) *direkt* auf den Träger dieser Eigenschaft (in diesem Fall den Patienten) referiert? Solche metonymische Referenz ist vor allem in der gesprochenen Sprache durchaus üblich, wie bei *Die Brille will auch mitspielen* oder *Das Schnitzel am Tisch sechs will zahlen* (siehe Nunberg (1995) für eine linguistische Analyse dieses Phänomens).

Noch fraglicher ist es, ob man bei der Verwendung des Pronomens *der* in (22) von einer Anapher reden kann, denn es gibt weder einen Antezedenten noch einen richtigen Anker – denn daraus, dass die Kandidatin niemanden mitgebracht hat, folgt noch nicht unbedingt, dass sie einen Partner hat:

(22) [Quizmaster zu Kandidatin:] Wen hast du mitgebracht?
[Kandidatin:] Heute wieder niemand, der muss zuhause am Architekturtisch sitzen und arbeiten. (ZDF, zitiert nach Consten 2004: 100)

Um die Referenz hier zu verstehen, sind zusätzliche Annahmen notwendig; sie basieren auf dem Weltwissen, dass man üblicherweise zu verschiedenen Gelegenheiten seinen (Ehe)Partner mitbringt, sofern man einen hat, und auf der plausiblen Möglichkeit, dass die (erwachsene) Kandidatin einen Partner hat. In Kapitel 6 werden solche weltwissensbasierten Inferenzen, die über die anaphorischen Beziehungen hinausgehen, kurz besprochen.

Consten (2004: Kap. 2.2) zeigt, dass die Schwierigkeiten bei der Bestimmung davon, was noch unter Koreferenz fällt, und dementsprechend bei der Unterscheidung zwischen direkter und indirekter Anaphorik, systematisch auftreten, und plädiert deshalb dafür, diese

Unterscheidung als ein Kontinuum ohne scharfer Grenzen anzusehen.

Ein bereits früh von der Forschung erkannter Problemfall für eine koreferenzbasierte Definition direkter Anaphern sind die sog. „sloppy identity"-Fälle wie in (23) (auch „laziness pronouns" genannt; dieses viel zitierte Beispiel geht auf Karttunen (1969) zurück). Hier kann man gerade *nicht* von der Koreferenz zwischen dem Antezedenten *sein Geld* und der Anapher *es* sprechen, da es sich um völlig verschiedene Geldsummen handelt:

(23) Der Mann, der *sein Geld* seiner Frau gab, war viel klüger als der Mann, der es seiner Geliebten anvertraute.

Es ist aber auch nicht so, dass *sein Geld* ein Anker für einen anderen, konzeptuell oder sprachlich verbundenen Referenten ist, wie dies bei indirekten Anaphern der Fall ist. Vielmehr wird der Gebrauch des Pronomens dadurch ermöglicht, dass es auf ein Objekt von derselben konzeptuellen Kategorie wie der Antezedent referiert: Es geht um zwei verschiedene konkrete Geldsummen, welche aber beide als *sein Geld* bezeichnet werden könnten, weil sie der Kategorie „Geld eines Mannes" angehören (siehe Schwarz 1997).

Im Folgenden werden wir noch drei Gruppen von Anaphern kennenlernen, in denen weder ohne Weiteres Koreferenz angenommen werden kann noch eine referenzielle Verankerung, was diese Ausdrücke zu Problemfällen für jede Anaphernklassifikation macht.

Die erste Gruppe sind Pluralanaphern. Eine **Pluralanapher** wie *sie* oder *die Kinder* in (24a) greift die beiden vorher eingeführten Referenten Hänsel und Gretel als eine Einheit auf. Unklar ist, ob und inwiefern ein Sprechen von den beiden Kindern als einer Einheit wie in (24a) oder einzeln wie in (24b) eine gleiche oder eine unterschiedliche Referentenkonstruktion voraussetzt:

(24) *Hänsel* und *Gretel* verliefen sich im Wald.
   a. Plötzlich kamen sie / die Kinder zu einem Häuschen aus lauter Pfefferkuchen.
   b. Er / Der Bruder hatte Angst und weinte, und sie / die Schwester tröstete ihn.

Bei der zweiten Gruppe scheint es sich um nur eine Person oder ein Objekt in der Welt zu handeln. Dieses jedoch wird entweder von unterschiedlichen Perspektiven gesehen (25) oder zu unterschiedlichen Stadien seiner Existenz benannt, vgl. (26). Die Beispiele stammen aus Schwarz (1997: 447-448):

(25) Othellos Angstvisionen lassen den zwanghaften Verdacht zur Gewissheit werden: *Desdemona* betrügt ihn. [...] Die Hure muss sterben! Mit den

eigenen Händen erwürgt Othello sein Heiligtum.

(26) Johannes hat *sein altes Auto* endlich doch noch zum Schrottplatz gebracht. Als er dann aber das zusammengepresste Eisenpaket sah, wurde ihm weh ums Herz.

Die Bedeutungen der jeweils involvierten Ausdrücke sind so unterschiedlich, dass es unklar ist, ob man noch von Koreferenz sprechen kann. Bezeichnen die Ausdrücke *die Hure* und *das Heiligtum* oder *das Auto* und *das zusammengepresste Eisenpaket* wirklich dasselbe Objekt in der Vorstellung des Hörers? Gerade im letzten Fall ist es so, dass das Eisenpaket eben nicht mehr die Funktionen eines Autos erfüllen kann.

Mit ziemlicher Sicherheit handelt es sich bei der dritten Gruppe, den sogenannten **Kombinationsanaphern**, nicht um Koreferenz, denn hier benennt die Anapher einen neu entstandenen Referenten. Ein Beispiel ist (27):

(27) *Das Pulver* in *ein Glas Wasser* einrühren. Die Lösung in einem Zug trinken. (Schwarz 2000a: 122)

Die Lösung existiert vorher nicht, sondern entsteht erst durch das Mischen von Wasser und Pulver; sie kann klar wahrnehmbare Eigenschaften haben, welche sie von diesen unterscheiden: Die Lösung kann z.B. eine leuchtend gelbe Farbe haben und schäumen, obwohl man ein weißes Pulver in Leitungswasser eingerührt hat. Deswegen kann man auch nur bedingt davon sprechen, dass *das Pulver* und *ein Glas Wasser* Antezedenten und *die Lösung* eine Anapher sind. Jedoch besteht hier eine ganz klare Beziehung zwischen den drei Referenten, denn die ersten beiden verändern sich dahingehend, dass sie etwas Neues, und zwar den dritten Referenten, bilden. Diese Beziehung ist auch sprachlich markiert: *Die Lösung* ist gerade deswegen ein definiter Ausdruck, weil die Definitheit die Beziehung des entsprechenden Referenten zu den bereits eingeführten Referenten markieren soll. Die Definitheit als Kennzeichnung der Beziehung zum Vortext ist das, was Kombinationsanaphern mit regulären direkten und indirekten Anaphern teilen.

Definitheit ist somit ein recht guter grammatischer Indikator für die Identifikation von Anaphern. Wenn ein definiter Ausdruck gebraucht wird, ohne dass man dabei direkt auf den Referenten zeigt (**Deixis**, siehe Abschnitt 4.2 oben) und ohne dass eine Generalisierung oder Attribuierung vorliegt oder der Referent einzigartig ist, handelt es sich um eine (direkte oder indirekte) Anapher.

Es stellt sich natürlich die Frage, ob es auch indefinite Anaphern gibt. Die erste Beobachtung, die wir hierzu oben bereits gemacht haben, ist, dass indefinite Nominalphrasen nicht als direkte Anaphern gedeutet werden können: *Ein Junge* in (28) kann nicht Hänsel sein:

(28) Hänsel verlief sich im Wald. Endlich kam ein Junge zum Pfefferkuchenhäuschen.

In (29) jedoch wird auch bei indefiniten NPs ein Bezug zum vorerwähnten Auto bevorzugt:

(29) *Ein rotes Auto* stand am Straßenrand.
  a. Von einem Fahrer fehlte jede Spur.
  b. #Ein Motor war noch warm.
  c. Ein Reifen war platt.

So wird (29a) bevorzugt als „irgendjemand, der als Fahrer des roten Autos fungieren könnte" verstanden. Deswegen ist (29a) wohlgeformt, obwohl ein Auto grundsätzlich nur einen Fahrer hat: *Ein Fahrer* hat hier die sog. **unspezifische** Lesart, während *der Fahrer* hier die sog. **spezifische Lesart** „die bestimmte Person, die der Fahrer des roten Autos ist" hätte (zu der Unterscheidung spezifisch vs. unspezifisch siehe von Heusinger (2011)). Voraussetzung für eine gelungene Interpretation von (29) ist, dass, erstens, der Bezug zum Anker *ein rotes Auto* konzeptuell möglich ist, und zweitens, dass der Referent des indefiniten Ausdrucks nicht einzigartig im Bezug auf den Anker ist (andernfalls wäre ein definiter Ausdruck zu gebrauchen). Aus diesem Grund wirkt (29b) inkohärent, weil hier unser Weltwissen besagt, dass ein Auto normalerweise nur einen Motor hat (und eine unspezifische Lesart hier nicht möglich ist). Wenn wir uns ein Auto vorstellen, dass mehrere Motoren hat, kann (29b) so verstanden werden, dass *ein Motor* sich auf einen dieser Motoren bezieht (bei der Aussprache wäre *ein* dann betont); in diesem Fall wäre (29b) kohärent. Diese Lesart hat auch (29c), wo *ein Reifen* als „einer der vier Reifen des vorerwähnten Autos" verstanden wird. Ob *ein* in diesem Fall aber das indefinite Artikel ist, oder als ein Quantor oder Zahlwort anzusehen wäre, ist umstritten. (Vater (1984) argumentiert z.B. dafür, *ein* in ähnlichen Fällen nicht als indefinit zu analysieren.)

Diese Fälle sind somit umstritten in Bezug darauf, ob die Anapher tatsächlich indefinit ist. Ein zuverlässiges Merkmal für eine anaphorische Verwendung bleibt deswegen der Gebrauch einer definiten Nominalphrase.

5.4 Zusammenfassung

Für die referenzielle Kohärenz eines Texts spielt neben der direkten Wiederaufnahme der eingeführten Referenten auch die Einführung des Referenten über seinen Bezug zu anderen, bereits vorerwähnten Referenten eine wichtige Rolle. Die in der Regel definiten Ausdrücke, die den neuen, aber „referenziell verankerten" Referenten bezeichnen, nennt man indirekte Anaphern, bei den Schlussfolgerungen, die der Leser dabei machen muss, spricht man von Brückeninferenzen.

Grundsätzlich wird die Herstellung von möglichst vielen referenziellen Bezügen innerhalb eines Texts angestrebt. Dies gilt ganz ähnlich wie im Fall der relationalen Kohärenz (vgl. Kapitel 3.2). Darüber hinaus besteht die Möglichkeit, durch die Markierung einer NP als definit (ohne dass diese NP unikal wäre oder hinreichend durch Attribuierung, meist mit einem Relativsatz, identifiziert), diese NP als eine indirekte Anapher explizit referenziell zu verankern. Wo bei den definiten NPs letztendlich die Grenze zwischen direkter Koreferenz (und somit direkter Anaphorik) und Verankerung (und damit indirekter Anaphorik) genau zu ziehen ist, ist strittig. In der Forschung werden deshalb auch einheitliche Auflösungsmodelle für beide Arten der Anaphorik vorgeschlagen.

Aufgabe 1: Bestimmen Sie die Brückeninferenzen, die in (a)-(c) gemacht werden müssen, und ordnen Sie diese in die Gruppen nach Clark (1977):

a. Paul hat ein neues Fahrrad. Der Lenker ist leuchtend rot, und der Rahmen schwarz.

b. Paul hat viele Haustiere. Die Hunde sind sehr zahm, aber die Katze soll ganz gefährlich sein.

c. Paul hat mir ein Buch geschenkt, und auch Paulas Geschenk war total langweilig.

Aufgabe 2: Bestimmen Sie für die unterstrichenen Ausdrücke im folgenden Text, ob es sich um Anaphern handelt, und geben Sie den jeweiligen Anapherntyp an (direkte nominale Anapher; indirekte nominale Anapher; Komplexanapher):

> Polizei klärte vermeintlichen Autodiebstahl auf. *(Titel)*
>
> Schnell aufklären konnte die Polizei einen vermeintlichen Autodiebstahl, den ein 81-jähriger Mann aus Altenkirchen am Donnerstagmorgen angezeigt hatte. *(Lead)*
>
> Den Recherchen der Beamten zufolge hatte der betagte Mann, der sich zurzeit als Gast in einer Pension in Bad Urach aufhält, seinen Toyota am Mittwochabend versehentlich in einer benachbarten Garage abgestellt und das Tor zugedrückt.
>
> Als der 81-Jährige am anderen Morgen mit seinem Wagen wieder weg-

fahren wollte, stellte er mit Entsetzen fest, dass seine Garage leer stand, der Toyota spurlos verschwunden war. Er ging also zur Bad Uracher Polizei, um dort Anzeige wegen Diebstahls zu erstatten.
Doch inzwischen hatte sein Nachbar bemerkt, dass ein falsches Auto in seiner Garage stand, weshalb er das Kipptor zunächst einmal offen ließ. Als die Beamten dann kurz darauf die Ermittlungen vor Ort aufnahmen und den Toyota in Nachbars Garage entdeckten, freuten sich alle, dass sich der vermeintliche Diebstahl so schnell und ganz von alleine aufgeklärt hatte. (Schwäbisches Tagblatt, 15.5.09)

Grundbegriffe: Anker; indirekte Anapher, Bridging (Brückeninferenz); Kombinationsanapher; Pluralanapher.

Weiterführende Literatur: Der Klassiker zu indirekten Anaphern und Brückeninferenzen: Clark (1977); eine neuere detaillierte Untersuchung: Schwarz (2000); kurzer Überblick über verschiedene Anapherntypen: Schwarz (1997); Vorschlag eines Kontinuums von direkten und indirekten Anaphern und deren einheitlicher Analyse: Consten (2004); eine neuere Untersuchung zu Brückeninferenzen, die eine SDRT-Analyse mit der Annahme des in Frames geordneten Wissens kombiniert: Irmer (2011).

6. Kohärenz und das Gesagte vs. das Gemeinte

Eine hervorstechende Eigenschaft von Texten ist es, dass sie radikal unterspezifiziert sind, d.h. nur einen Bruchteil der Informationen, die mit ihnen vermittelt werden, tatsächlich in sich tragen. Nehmen wir an, wir haben zufällig gehört, wie eine Studentin zur anderen sagt:

(1) Meine Schwester muss zu Fuß laufen. Sie kriegt ihr Rad nicht auf, weil sie den Schlüssel verloren hat.

Ohne die Sprecherin und irgendwelche näheren Umstände zu kennen, werden wir (1) so verstehen, dass die Sprecherin eine Schwester hat, und diese Schwester ein Fahrrad besitzt, damit aber gerade nicht fahren kann, weil sie den Schlüssel zum Schloss am Fahrrad verloren hat, und deswegen ihr Fahrrad nicht aufschließen und es nutzen kann. Ferner können wir z.B. schlussfolgern, dass diese Schwester vermutlich kein Auto hat oder zumindest kein Auto benutzen will/kann, und auch die öffentlichen Verkehrmittel für sie nicht in Frage kommen, so dass die einzige Alternative für sie das Laufen bleibt. (1) ist aber deutlich kürzer formuliert; so wird hier z.B. der Kopf des Kompositums für das ganze Kompositum gebraucht (*Rad* für *Fahrrad*), und der gesamte Zusammenhang von Fahrrad, Fahrradschloss und Fahrradschlüssel wird nicht expliziert. Dies ist möglich, weil diese Informationen inferiert werden können, d.h. vom Textrezipienten auf Grund des Gesagten und seines Weltwissens erschlossen. Dabei können die Inferenzen, d.h. die durch den Rezipienten geleisteten Schlussfolgerungen, die die im Text wörtlich gegebene Information ergänzen, sowohl der relationalen als auch der referenziellen Kohärenz dienen. In Kapitel 5 haben wir die rückwärtigen Brückeninferenzen kennengelernt, die der referenziellen Kohärenz dienen.

Grundsätzlich kann man bei den Inferenzen zwischen Inferenzen, die sprachlich basiert sind, d.h. direkt auf dem Gesagten in seiner gegebenen Form aufbauen, und Inferenzen, die auf Weltwissen basieren, unterscheiden. Zu Ersteren gehören (neben den bereits besprochenen Brückeninferenzen) die Präsuppositionen und die Implikaturen, die traditionell zu den pragmatischen Inferenzen zählen.

6.1 Präsuppositionen und Implikaturen

Präsuppositionen sind Voraussetzungen für eine Äußerung, die gelten müssen, damit diese Äußerung überhaupt sinnvoll sein kann:

(2) Meine Schwester kam gestern zu Besuch.

Nur wenn der Sprecher eine Schwester hat, kann man sagen, ob seine Äußerung von (2) wahr ist (wenn diese Schwester am Tag vor der Äußerung zu Besuch kam) oder falsch (wenn sie dies nicht tat); hat er gar keine Schwester, so ist seine Äußerung unsinnig. Man sagt, dass (2) **präsupponiert**, dass der Sprecher eine Schwester hat, und **assertiert** (sagt aus), dass diese Schwester gestern zu Besuch kam. Die Präsupposition „ich habe eine Schwester" wird dabei durch das Possessivum *meine (Schwester)* **ausgelöst**.

Die herausragende Eigenschaft der Präsupposition ist, dass sie **konstant unter Negation** der Assertion (d.h. des in der Äußerung behaupteten Sachverhalts) bleibt: Egal, ob ich es bejahe oder verneine, dass meine Schwester gestern zu Besuch kam, setze ich voraus, dass ich eine Schwester habe:

(3) Meine Schwester kam gestern nicht zu Besuch.
präsupponiert: Ich habe eine Schwester.

Daran, dass beim Negieren des Gesagten die Präsupposition unverändert erhalten bleibt, kann man sehen, dass Präsuppositionen vom Gesagten (der Assertion) zu unterscheiden sind.

Bestimmte andere Lexeme (wie z.B. Verben *bereuen* oder *wissen* oder der definite Artikel) und manche syntaktische Strukturen (wie der Spaltsatz) haben ebenfalls die Eigenschaft, Präsuppositionen auszulösen; eine Übersicht der Präsuppositionsarten und deren Auslöser findet man in Levinson (2000: 197-202).

Eine andere Art der Inferenz muss in (4) gemacht werden, damit (4) als ein kohärenter Dialog verstanden werden kann:

(4) A: Mein Benzin ist alle.
B: Um die Ecke ist eine Tankstelle.

Würde man ausschließlich das Gesagte betrachten, würde (4) wie ein zusammenhangsloses Postulieren zweier Zustände (Benzin ist alle und eine Tankstelle befindet sich in der Nähe) aussehen. Jedoch wird es normalerweise wie ein durchaus kohärenter Dialog verstanden. Dies liegt in erster Linie daran, dass B's Äußerung so interpretiert wird, dass er A mitteilen will, dass die Tankstelle auf hat und dass A dort Benzin kaufen kann (und so den für ihn unvorteilhaften Benzinmangel beenden). Wie ist diese Interpretation möglich?

Herbert Paul Grice, der Begründer der Implikaturentheorie, geht davon aus, dass jegliche Kommunikation, so auch die sprachliche, durch das **Kooperationsprinzip** bestimmt wird. Dieses könnte wie folgt formuliert werden: Beim Kommunizieren sind wir kooperativ: Wenn wir etwas sagen, so dient es dem aktuellen Gesprächszweck, welchen wir gemeinsam mit unseren Gesprächspartnern verfolgen (vgl. Grice 1967/1989). Konkret heißt es, dass ein Gesprächsbeitrag in der Regel wahr, informativ, relevant und verständlich ist.

Davon ausgehend, dass unsere Kommunikationspartner kooperativ sind, können wir aus dem, was sie sagen, oft zusätzliche Schlussfolgerungen ziehen. Im Beispiel oben kann A schlussfolgern, dass B's Bemerkung für sein Anliegen (Hilfe bei seinem Benzinproblem zu bekommen) relevant ist (sonst wäre B ja nicht kooperativ). Da A und B bestimmtes Wissen über Tankstellen teilen, kann A B so verstehen, dass dieser ihm sagen will, dass es ganz in der Nähe eine Tankstelle gibt, die offen hat, wo A das ihm fehlende Benzin kaufen könnte. Solche Schlussfolgerungen, die auf der Kenntnis (der gegenseitigen Kenntnis) des Kooperationsprinzips beruhen, heißen **konversationelle Implikaturen**. Wie wir in Abschnitt 5.1 gesehen haben, sind Implikaturen explizit **bekräftigbar** und **aufhebbar**, vgl. (5a und 5b):

(5) A: Mein Benzin ist alle.
B: Um die Ecke ist eine Tankstelle. a. Da können Sie Benzin kaufen. / aber leider hat sie gerade zu, so dass Sie dort kein Benzin kriegen.

Eine ausführliche Beschreibung der Präsuppositionen und der Implikaturen findet man in Meibauer (2001: Kap. 3-4). Für uns wichtig ist, dass auch die präsupponierte und die implikatierte Information für die Herstellung von Kohärenz verwendet wird.

6.2 Weltwissenbasierte Inferenzen

Beim Lesen oder Hören eines Texts können aber noch viel mehr Inferenzen gemacht werden, als nur die sprachlich basierten. So werden wir beim Lesen von (6) nicht nur inferieren können, dass Alex existiert (eine Präsupposition des Eigennamens) und dass Alex sich auch gestern bei der Party betrunken hat – eine Brückeninferenz der vierten Gruppe, ausgelöst durch (betontes) *wieder* –, sondern vermutlich auch, dass es bei der Party ziemlich hoch herging, dass es Getränke und wohl auch zumindest Kleinigkeiten zum Essen gab, dass es wahrscheinlich getanzt wurde usw.:

(6) Gestern war Alex auf einer Party. Heute wird er sich sicherlich wieder betrinken.

Diese Inferenzen sind jedoch nicht durch die Lexemwahl noch durch besondere morphologische oder syntaktische Markierungen autorisiert. Und es sind „vorwärts schauende" Inferenzen: Sobald wir das Wort *Party* lesen, wird unser Weltwissen über Partys (der Frame „Party") aktiviert, welches bestimmte Erwartungen in Bezug darauf, was nun folgen wird, aufkommen lässt. So wundern wir uns nicht, wenn im zweiten Satz vom Betrunken-Sein die Rede ist, weil Alkohol durchaus mit Partys assoziiert werden kann.

Neben solchen Inferenzen, die auf dem einer bestimmten Kulturgruppe eigenen Weltwissen basieren, gibt es auch Inferenzen, die durch individuelles Weltwissen bedingt sind. Clark (1977) nennt dazu folgendes Beispiel: Angenommen Alex ist unser Bekannter, von dem wir wissen, dass er auf Grund schlechter Kindheitserlebnisse zu seiner Mutter eine sehr schlechte Beziehung hat, und dass er Ärger gern mit Trinken bekämpft. In diesem Fall ist es durchaus möglich, dass, wenn wir (6) hören, wir Folgendes inferieren: Alex hat auf der Party sicher Frauen gesehen, die mit ihren hohen Stimmen oder ihrem Verhalten ihn an seine Mutter erinnert haben; wenn Alex aber an seine Mutter denkt, wird er immer ärgerlich, weil er an seine schlimmen Kindheitserlebnisse denken muss; und in dieser Stimmung trinkt er immer; also hat er sich vermutlich deswegen schon gestern auf der Party betrunken und wird es heute wieder tun.

Clark stellt fest, dass je nach unserem kulturellen und individuellen Weltwissen wir bei jedem Text vorwärts gerichtete Inferenzen machen, die weder auf bestimmte sprachliche Strukturen rückführbar (und dadurch autorisiert) sind noch sonst auf irgend eine Art und Weise genau vorhersagbar, und die theoretisch, je nach Wissenstand, unendlich weitergeführt werden können. Da die weltwissensbasierten Inferenzen so schlecht fassbar sind, konzentrieren sich die meisten Untersuchungen seit Clark auf die besser fassbaren Brückeninferenzen. Zur vollständigen Beschreibung dessen, wie ein Text verstanden wird, sollte man aber zumindest in gewissem Maße auch die weltwissensbasierten Inferenzen berücksichtigen.

Schwarz (2000: Kap. 5) unterscheidet auch bei Brückeninferenzen zwischen sprachlich basierten und weltwissensbasierten Inferenzen. Dabei fasst sie den Begriff „Inferenz“ deutlich enger als Clark (1977): Sie versteht darunter nur Schlussfolgerungen, die weder auf semantischen Beziehungen (wie Synonymie oder Hyp(er)onymie; siehe Kapitel 2) noch direkt auf Weltwissen basieren, sondern die über zusätzliche Annahmen und mehrere Schlussschritte abgeleitet werden können. Sie unterscheidet bei den weltwissensbasierten Schlussfolgerungen zwischen dem **schemabasierten Typ** und dem **inferenzbasierten Typ**, vgl. (7) vs. (8), vgl. Schwarz 2000, Bsp. (76) und (94):

(7) In jenen letzten Augusttagen erwacht in einem kleinen *Krankenhauszimmer* das Mädchen Rita Seidel. Die Krankenschwester tritt an das Bett.

(8) Sie konnte mit letzter Kraft *110 wählen*. Als die Beamten das Haus erreichten, fanden sie sie bewusstlos neben dem Telefon.

In (7) wird durch den Ausdruck *Krankenhauszimmer* das mentale Schema „Krankenhaus“ in der Vorstellung des Lesers aktiviert. Zu diesem Schema gehören notwendigerweise Krankenschwestern, weswegen hier die definite NP *die Krankenschwester* über dieses Schema direkt interpretiert werden kann.

Hingegen ist für die NP *die Beamten* in (8) kein Herstellen eines solchen eindeutigen Bezugs möglich, denn das Schema „Telefonieren“ beinhaltet keinen Bestandteil „Beamte“. Hier müssen zusätzliche Schlüsse gemacht werden, die das Weltwissen hinzuziehen: Dass die 110 die Notruf-Nummer der Polizei ist, und Polizisten in der Regel Beamte sind. Über diese Schritte wird die Interpretation „die Anruferin hat die Polizei-Notrufnummer gewählt und dabei die zuständige Person am Telefon erreicht, worauf diese veranlasste, dass Polizeibeamte zu der Anruferin fahren“ erreicht.

Man beachte, dass für Clark (1977) und Schwarz (2000) verschiedene Aspekte der Brückeninferenzen wichtig sind. Für Clark (1977) ist entscheidend, ob eine Inferenz sprachlich (durch definiten Artikel oder durch einen bestimmten Satzbau) notwendigerweise ausgelöst wird, oder aber optional aus Weltwissensgründen gemacht werden kann. Schwarz (2000) beschränkt ihre Untersuchungen von vorne herein auf die erste Gruppe, die indirekte Anaphern (siehe Kap. 5), und konzentriert sich in erster Linie darauf, welches Wissen (Sprach- oder Weltwissen) und wie viel kognitiver Aufwand für eine Brückeninferenz nötig ist, und richtet ihre Klassifikation danach aus.

Eine interessante und vor allem in der Psycholinguistik viel untersuchte Frage ist es, wie viele Inferenzen tatsächlich beim Lesen eines Texts gemacht werden. McKoon/Ratcliff (1992) plädieren an Hand experimenteller Untersuchungen für die sog. Minimalhypothese: Automatisch gezogen werden die sprachlich basierten Brückeninferenzen sowie diejenigen vorwärtsgerichteten Inferenzen, die auf sehr allgemeinen Weltwissen basieren. Weitere Inferenzen werden nur bei Bedarf (z.B. beim Lesen mit dem Ziel einer Textinterpretation) gemacht (siehe Rickheit/Strohner 2003).

6.3 Zusammenfassung

Die meisten Texte sind nicht deswegen kohärent, weil sie sämtliche zu ihrer Interpretation notwendige Informationen beinhalten, sondern deswegen, weil sie auf Grund ihrer Struktur dem Rezipienten erlauben, die im Text wörtlich gegebene Informationen durch weitere Schlüsse so zu ergänzen, dass sich ein zusammenhängendes Ganzes ergibt. Solche zusätzlichen Schlüsse, Inferenzen, sind sowohl für die relationale als auch für referenzielle Kohärenz unabdingbar.

Wird der Schlussprozess unmittelbar von der sprachlichen Struktur – z.B. der Wahl bestimmter morphologischer Markierung, bestimmter Lexeme oder bestimmter syntaktischen Konstruktionen – ausgelöst, spricht man von sprachlich basierten Inferenzen. Zu diesen zählen wir Präsuppositionen, Brückeninferenzen und konversationelle Implikaturen. Letztere basieren zwar nicht direkt auf konkreten sprachlichen Ausdrücken, sind aber gemäß Kooperationsprinzip aus dem Gesagten ableitbar und in diesem Sinne auch sprachlich basiert. Auch bei sprachlich basierten Inferenzen spielt das sprachliche Wissen mit dem Weltwissen zusammen; so werden einige Brückeninferenzen mit Hilfe des standardisierten, in statische Frames oder dynamische Skripts organisierten, Weltwissens gemacht. Darüber hinaus gibt es rein weltwissensbasierte Inferenzen, die ohne sprachliche Auslöser rein auf Grund vom Weltwissen gemacht werden.

Grundbegriffe: Inferenz, Implikatur, Präsupposition.

Weiterführende Literatur: Zu den konversationellen Implikaturen und Präsuppositionen bietet Meibauer (2001) eine gute erste Einführung; anspruchsvollere Einführungen sind die Handbuchartikel von Horn (1996) und Meibauer (2009) sowie die entsprechenden Kapitel in Levinson (2000). Zu den rückwärtigen und vorwärtigen Inferenzen siehe Rickheit/Strohner (2003).

7. Einflussreiche Theorien der relationalen Kohärenz

In den Kapiteln 2-6 wurde ein erster Überblick gegeben (i) über die Phänomene der Textkohärenz, d.h. über die Relationen zwischen den Inhalten der einzelnen Sätze und Textsegmente und den in diesen erwähnten Referenten, und (ii) über die diese Relationen explizierenden Kohäsionsmittel im Deutschen. In den nun folgenden Kapiteln 7-9 wenden wir uns ausgewählten linguistischen Modellen und Theorien zu, die eine systematische, möglichst genau vorhersagbare Beziehung zwischen den sprachlichen Mitteln und den ausgedrückten Relationen zwischen Propositionen und Referenten postulieren wollen. Folgende Fragestellungen sind zentral für eine solche Theorie der relationalen Kohärenz: Wie genau kommt man von den oben beschriebenen drei Grundmustern zu den einzelnen Kohärenzrelationen? Wie viele unterschiedliche Kohärenzrelationen sind anzunehmen? Welche Regelhaftigkeiten für deren Markierung durch Kohäsionsmittel gibt es? In diesem Kapitel werden drei aktuell einflussreiche semantisch basierte linguistische Theorien der relationalen Kohärenz und ihre Antworten auf diese Fragen kurz vorgestellt. Das Kapitel 8 befasst sich dann exemplarisch mit drei Modellen der referenziellen Kohärenz, und in Kapitel 9 werden zwei Ansätze vorgestellt, die diese beiden Kohärenzaspekte kombinieren.

7.1 Kohärenzrelationen nach Hobbs (1985)

Das Anliegen von Hobbs (1985) ist es, eine Theorie der Textinterpretation zu entwickeln. Das Kernstück der Interpretation bildet für Hobbs das Herstellen von Kohärenzrelationen zwischen den Textsegmenten. Die Relationen verbinden stets zwei Äußerungen. Der Textproduzent bindet seine neue Äußerung mit einer der vorhandenen Relationen an die vorherige an, und der Textrezipient rekonstruiert diese Relation. Dabei stehen ihm die syntaktische und semantische Form der Sätze, sein sprachliches Wissen (z.B. das Wissen, dass Pronomina sich meist auf etwas beziehen, was vorher bereits genannt wurde), das Wissen über den aktuellen Äußerungskontext und sein Weltwissen zu Hilfe. (In diesem Sinne ist Hobbs' Kohärenzansatz ein pragmatisch-funktionaler.) Aus all diesem Wissen kann mittels einfacher deduktiver Folgerungen abgeleitet werden, welche Kohärenzrelation besteht. Dieser Vorgang sei an Hand von (1) illustriert. Nehmen wir dazu an, (1) sei der Beginn eines Texts, sodass kein Vortext berücksichtigt werden muss:

(1) John kann Bills Safe öffnen. Er kennt die Zahlenkombination.

Als Leser führe ich zunächst eine syntaktische und semantische Analyse der beiden Äußerungen durch: Wie viele Ergänzungen fordern jeweils die Verben? Wie werden sie realisiert? Was ist in den beiden Sätzen jeweils das Subjekt? Sind die Nominalphrasen definit oder indefinit? usw. Die sprachliche Form erlaubt mir, (1) in etwa so zu verstehen: Es werden zwei Zustände genannt: (i) John ist imstande, Bills Safe zu öffnen; (ii) eine männliche Person kennt eine bestimmte Zahlenkombination. Hinzu kommen mein Weltwissen und mein sprachliches Wissen. Das Weltwissen sagt mir, dass um ein Safe zu verschließen und zu öffnen man im Normalfall eine bestimmte Zahlenkombination benutzt. Mein sprachliches Wissen sagt mir, dass das Pronomen *er* sich hier theoretisch auf John oder Bill beziehen kann: Beide sind aus grammatischen Gründen (Genus und Numerus) passende Bezugsgrößen. Mein Wissen über Texte sagt mir außerdem, dass, da die NP *die Zahlenkombination* definit ist, sie auch im Bezug zu dem Vortext stehen soll. Die beiden Zustände sind dabei nicht bloß koordinativ miteinander verbunden (diese schwächste aller Verbindungen gilt, wenn sonst nichts gilt, wie wir in 3.2 gesehen haben), sondern die zweite Äußerung erläutert genauer, wieso John Bills Safe öffnen kann. Eine solche Kohärenzbeziehung zwischen zwei Äußerungen nennt Hobbs **Elaboration**: Die Äußerung B elaboriert die Äußerung A genau dann, wenn aus A und B dieselbe Proposition folgt (in (1): *John kennt die Zahlenkombination von Bills Safe*) und B einen Bestandteil von A (hier: was genau John dazu befähigt, Bills Safe zu öffnen) genauer beschreibt. Somit erinnert die Definition der Elaboration an die Gruppe 6, modal-instrumentale Relationen, ist aber präziser formuliert.

Aus diesen drei Wissensquellen (syntaktische und semantische Form, sprachliches Wissen und Weltwissen) erhaltene Information hilft mir, eine passende Kohärenzrelation zu inferieren und dies wiederum erlaubt es mir, die anaphorischen Bezüge aufzulösen: Da ich hier die Elaboration inferiert habe, kann ich nun eindeutig das Pronomen *er* auf John beziehen. Letztendlich leite ich also die folgende Interpretation ab: „John kann Bills Safe öffnen, indem er die dazu notwendige Zahlenkombination kennt", vgl. (2):

(2)

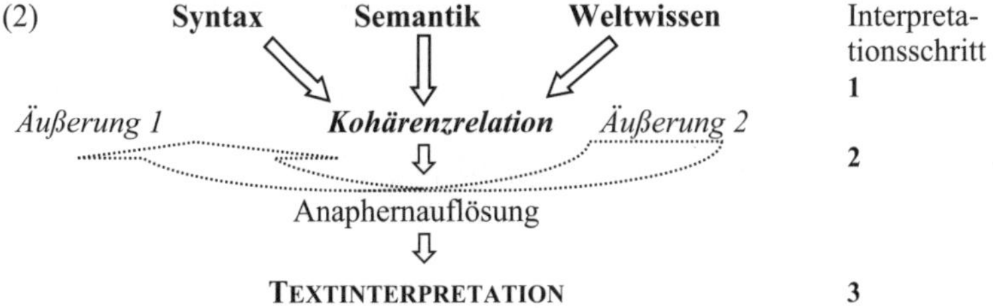

Der Textproduzent entscheidet sich also bei jeder neuen Äußerung für eine bestimmte Relation, die diese Äußerung mit dem Rest verbindet, und der Textrezipient rekonstruiert diese; hat er diese Anbindung für alle Äußerungen rekonstruiert, ist der Text auch für ihn kohärent.

Hobbs' Ziel ist es, die Menge der Kohärenzrelationen möglichst genau und vollständig zu beschreiben. Diese Beschreibung liefere eine Definition von Kohärenz: Kohärent sind demnach Texte, deren Äußerungen miteinander mit Hilfe von so definierten Kohärenzrelationen verbunden sind, und nur sie. Hobbs leitet Kohärenzrelationen von Kommunikationszwecken ab: Je nach dem, welchen Zweck eine Äußerung hat, kann die sie anbindende Relation einer der folgenden vier Gruppen zugeordnet werden:

1. In der ersten Gruppe resultiert Kohärenz daraus, dass die beschriebenen Ereignisse in der Welt miteinander in einer Verbindung stehen.

Diese Verbindung kann eine kausale sein (vgl. (2), wo das Ereignis a das Ereignis b verursacht), oder eine schwächere sog. *Occasion*-Relation (in etwa: Gelegenheit), bei der ein Ereignis a den Ausgangspunkt für ein Ereignis b bildet, vgl. (3), wo das Sich-links-wenden (Ereignis b) von der Position aus erfolgt, an die man nach dem Verlassen des Gebäudes (Ereignis a) gelangt ist:

(2) Paul hat Paula ein Bein gestellt (a). Sie fiel hin. (b)

(3) Geh raus aus dem Gebäude (a), und wende dich nach links (b).

Dabei ist die kausale Relation ein Spezialfall der *Occasion*, bei dem das zweite Ereignis nicht nur zeitlich nach dem ersten folgt, sondern auch ursächlich mit ihm verbunden ist.

2. Die zweite Gruppe beinhaltet Kohärenzrelationen, welche die neue Äußerung direkt mit dem Zweck des Gespräches verbinden.

Dazu zählt in erster Linie die Relation *Evaluation* (Bewertung), vgl. (4): Hier begründet die erste Äußerung, warum all die Folgenden überhaupt gemacht werden:

(4) Mir ist gestern was Lustiges passiert. Ich stand an einer Bushaltestelle und wartete auf meinen Bus. Plötzlich ...

Es geht dabei nicht um die Begründung auf der Ebene der Sachverhalte, sondern eine auf der Sprechaktebene: Ich erzähle jetzt etwas, weil dies eine lustige Geschichte ist.

3. Die dritte Gruppe bilden Kohärenzrelationen, die neue Äußerung mit etwas verknüpfen, was der Hörer bereits weiß.

Zu dieser Gruppe gehören *Explanation* (Erklärung) und *Background* (Hintergrund), vgl. (5), wo die zweite Äußerung die erste erklärt und (6), wo die erste Äußerung den Hintergrund für die zweite liefert:

(5) Paul war ziemlich mieser Laune heute früh. Er hatte sehr schlecht geschlafen und dann auch noch das Hotelfrühstück verpasst und war hungrig geblieben.

(6) Eines Sonntagmorgens saß ich vor dem Haus im Garten und frühstückte. Da hörte ich plötzlich einen Schrei.

4. Die vierte Gruppe der Relationen sind dann beteiligt, wenn neue Äußerungen nicht den Text vorantreiben, sondern ergänzende Informationen zu dem bereits Gesagten geben. Ein Beispiel hier wäre *Elaboration*, in (1) illustriert, aber auch *Parallel*, eine Verbindung irgendwie ähnlicher Sachverhalte (vgl. (7a)), und das Gegenstück dazu, *Kontrast*, (7b), oder *Violated Expectation* (nicht eingehaltene Erwartung), vgl. (8):

(7) a. Paul hat tagelang gelernt. Peter hat seiner Mutter beim renovieren geholfen. (Nun sind beide urlaubsreif.)
    b. Paul hat sehr viel gelernt, um die Klausur zu bestehen. Peter hat dreist abgeschrieben.

(8) Paul ist ein Politiker, aber er ist ehrlich.

Da Hobbs die jeweiligen Kohärenzrelationen aus den kommunikativen Zwecken ableitet und sie genau definiert im Hinblick auf ihren

Beitrag zum Textaufbau (indem der jeweilige Beitrag der neuen Äußerung relativ zu dem der bisherigen Äußerungen bestimmt wird), erfüllt sein Ansatz den oben genannten Anspruch, die Menge der Relationen – und somit Kohärenz – vollständig zu definieren.

Auch Unterschiede zwischen Textsorten, wie z.B. Kurzgeschichte gegenüber Gespräch oder Kochrezept, können über diesen Ansatz erfasst werden. Hobbs (1985) argumentiert dafür, dass es für jede Textsorte eine typische Struktur gibt. So sei es für eine Erzählung typisch, dass man erst den Hintergrund angibt, und dann die Vordergrundsegmente miteinander durch *Occasion* verbindet, so dass die ganze Erzählung eine kohärente Einheit bildet. Für ein Gespräch hingegen ist es üblich, dass es aus mehreren kleinen Einheiten besteht, die intern zwar kohärent sind, miteinander aber, wenn überhaupt, dann nur lose über *Parallel* verbunden sind.

7.2 Rhetorische Strukturtheorie (RST)

Eine Weiterentwicklung der Theorie der Kohärenzrelationen von Hobbs ist die **Theorie der Rhetorischen Struktur** (auch: Rhetorische Strukturtheorie, RST), die von Mann und Thompson (1988 ff.) vorgeschlagen wurde. Die RST teilt die Grundannahmen von Hobbs, dass:

1. Alle Teile eines Texts als ein Beitrag zu einem gemeinsamen Textzweck aufgefasst werden und in diesem Sinne eine Einheit bilden;
2. Texte eine interne, hierarchisch organisierte Struktur aufweisen;
3. Textsegmente bzw. die darin ausgedrückten Inhalte miteinander zu größeren Textsegmenten verbunden werden, wobei diese Verbindung mehr bedeutet als die Segmente in Isolation.

Die Verbindungen zwischen Textsegmenten, die wir als Kohärenzrelationen kennen gelernt haben, werden in der RST **Rhetorische Relationen** genannt. Mit dieser Bezeichnung wird betont, dass die Relationen die Optionen widerspiegeln, die ein Textproduzent bei der Organisation und Präsentation der Textinformation zur Verfügung hat, und die in diesem Sinne rhetorisch sind. Somit nimmt die RST klar die Perspektive des Textproduzenten ein.

Die Inhalte, die mit rhetorischen Relationen verbunden sind, sind i.d.R. wie bei Hobbs Satzinhalte; es können aber auch größere Einheiten (wie Absätze) oder kleinere (wie Teilsätze) miteinander verbunden werden.

Die rhetorischen Relationen sind in der Regel asymmetrisch (d.h. subordinierend; s.o.): Ein untergeordnetes Segment, der **Satellit**, bestimmt das zentrale Segment, den **Nukleus**, näher, vgl. (9):

(9) (i) Ich mache am Liebsten Urlaub auf den Kanaren, (ii) weil dort immer schönes Wetter ist.

Hier besteht die Relation *Motivation* (*Begründung*) zwischen dem Nukleus *Ich mache am Liebsten Urlaub auf den Kanaren* (Hauptinformation in (9)) und dem Satellit *weil dort immer schönes Wetter ist*, welcher die Begründung liefert.

Das übliche Repräsentationsformat der RST ist ein RST-Schema (RST-Graph), bei dem das Nukleus-Segment durch einen vertikalen Strich markiert wird und ein Pfeil die beiden Segmente so verbindet, dass die Pfeilspitze auf den Nukleus zeigt (vgl. Mann/Thompson 1988). So kann die Relation *Begründung* in (9) wie in (10) notiert werden (Segment (i) ist der Nukleus und Segment (ii) der Satellit):

(10)
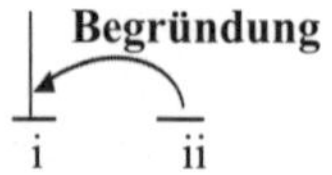

Asymmetrisch, oder **mononuklear**, d.h. ein Nukleus und ein Satellit beinhaltend, sind die meisten Relationen. Im Überblick unten (siehe Tabelle 1) sind z.B. auch *Elaboration* und *Evidenz* mononuklear. Es gibt aber auch **multinukleare Relationen** (d.h. koordinierende Relationen), die die Verbindung von gleichwertigen Textsegmenten herstellen. So sind beide Propositionen *Anna ist fleißig* und *Thomas ist faul* in (11) Nuklei der rhetorischen Relation *Kontrast*:

(11) a. (i) Anna ist fleißig. (ii) Thomas hingegen ist ziemlich faul.
b.

Um eine rhetorische Relation zu definieren, muss bestimmt werden:

1. ob es eine mononukleare oder eine multinukleare Relation ist;
2. welche Bedeutung jeweils der Nukleus und der Satellit haben;
3. welche Beschränkungen über die beiden Bestandteile und über deren Verbindung gelten; und
4. was der rhetorische Effekt der Verbindung ist.

So wird für (12) die Relation *Evidenz* postuliert, die wie folgt beschrieben werden kann (vgl. Mann/Thompson 1988: 251):

(12) Die neue Saftpresse ist wirklich spitze. Ich habe ganze Orangen, ungeschält und mit Kernen, hineingetan und in wenigen Sekunden hatte ich mein großes Glas Saft.

Relation: *Evidenz*
Nukleus: Eine Behauptung (hier: *Die neue Saftpresse ist wirklich spitze.*)
Satellit: Evidenz für diese Behauptung (hier: *Ich habe ganze Orangen, ungeschält und mit Kernen, hineingetan und in wenigen Sekunden hatte ich mein großes Glas Saft.*)
Beschränkungen:

1. Nukleus: Der Textproduzent vermutet, dass der Textrezipient nicht sofort die im Nukleus enthaltene Behauptung glauben wird;
2. Satellit: Der Rezipient wird eher geneigt sein, die Satellit-Information zu glauben;
3. Verbindung: Wenn der Rezipient die Satellit-Information glaubt, wird auch seine Bereitschaft steigen, die Nukleus-Information zu glauben.

Effekt der Relation: Der Textrezipient glaubt die im Nukleus enthaltene Behauptung.

Mann/Thompson (1988) definieren 24 verschiedene Relationen. In der nachfolgenden RST-Literatur kommen 6 weitere hinzu, so dass üblicherweise 30 Relationen angenommen werden (Taboada/Mann 2006). Eine Übersicht über die wichtigsten RST-Relationen auf Deutsch findet man in Spooren (2003: 207-210). Jedoch setzt sich RST (anders als Hobbs) nicht als Ziel, alle rhetorischen Relationen erschöpfend zu definieren, sondern geht praxisbezogen vor: Je nach Textsorte und der Zielsetzung der Analyse kann man die jeweils notwendigen Relationen definieren und sie dann im Text bestimmen (vgl. Mann/Thompson 1988: 256). Einige üblicherweise angenommene rhetorische Relationen sind in der Tabelle 4.1 beschrieben und in (13) illustriert:

Relation	**Konnekt 1**	**Konnekt 2**
mononuklear		
Elaboration; (13a)	elementare Information (Nukleus)	zusätzliche Information (Satellit)
Begründung (Motivation); (13b)	Information, die begründet werden soll (N)	Information, die einen Grund für N liefert (S)
Evidenz; (13c)	Behauptung (N)	Evidenz für Behauptung (S)
Hintergrund (background); (13d)	Information, deren Verständnis erleichtert werden soll (N)	Information zur Erleichterung des Verständnisses (S)
Vorbereitung; (13e)	Information, die präsentiert werden soll (N)	Bereitet den Leser auf N vor und hilft ihm, N zu verstehen (S)

Konzession; (13f)	Etwas, was stattfindet (N)	Würde dem Stattfinden von N widersprechen (S)
multinuklear		
Narration; (13g)	Ereignis, das zuerst stattgefunden hat (Nukleus 1)	Das folgende Ereignis (N 2)
Kontrast; (13h)	Alternante (N 1)	Alternante (N 2)
Aufzählung (List); (13i)	Aufzählungseinheit (N 1)	Aufzählungseinheit (N 2)

Tabelle 4.1: Die wichtigsten RST-Relationen

(13) a. (i) Anna kam rein.$_{N}$ (ii) Sie war in der Schule.$_{S}$
b. (i) Anna kommt heute später.$_{N}$ (ii) Sie muss noch in der Schulbücherei helfen.$_{S}$
c. (i) Anna hilft wohl heute in der Schulbücherei.$_{N}$ (ii) Sonst wäre sie schon da.$_{S}$
d. (i) Anna hilft heute in der Schulbücherei.$_{N}$ (ii) Alle Kinder müssen einmal im Monat dort mitmachen.$_{S}$
e. (i) Lesecafé in der 3b$_{S}$
[(ii) Morgen finden ein Lesenachmittag in der 3b statt. (iii) Alle Kinder sind herzlich eingeladen.]$_{N}$
f. (i) Anna geht zur Theater-AG$_{N}$, (ii) obwohl sie schon ziemlich müde ist.$_{S}$
g. (i) Anna kam rein.$_{N1}$ (ii) Sie setzte sich hin.$_{N2}$
h. (i) Die Jungs hängen immer in der Bauecke herum.$_{N1}$ (ii) Die Mädchen spielen lieber mit dem Puppenhaus.$_{N2}$
i. (i) Anna hat heute 6 Stunden Schule.$_{N1}$ (ii) Nach einer kurzen Pause geht es mit Theater-AG weiter.$_{N2}$ (iii) Danach hat sie noch Ballett.$_{N3}$

Das Hauptziel der RST ist es, konkrete Texte auf ihre Kohärenz hin zu beschreiben, indem man die rhetorischen Relationen innerhalb dieser Texte vollständig bestimmt. Dabei wird (ebenso wie bei Hobbs) „top-down" (von oben nach unten) vorgegangen: Ein Text wird in unmittelbare inhaltliche Einheiten aufgeteilt, und die Verbindung zwischen diesen Einheiten wird bestimmt; dann evtl. wird innerhalb der so bestimmten Einheiten wieder aufgeteilt usw. Eine solche Top-down-Analyse sei unten für (14) durchgeführt (meine Übersetzung und schrittweise Erläuterung einer auf der RST-Homepage verfügbaren Analyse: www.sfu.ca/rst/02analyses):

(14) Laktose und Laktase.
Laktose ist Milchzucker, das Enzym Laktase baut diesen ab. Den meisten erwachsenen Menschen fehlt Laktase, und daher können sie Laktose nicht abbauen. In Populationen mit hohem Milchkonsum haben Erwachsene mehr Laktase. Dies ist vermutlich ein Ergebnis der natürlichen Selektion.

Zuerst wird ein Text in Segmente aufgeteilt; diese werden hier einfachheitshalber durchnummeriert:

(15) 1. Laktose und Laktase. 2. Laktose ist Milchzucker, 3. das Enzym Laktase baut diesen ab. 4. Den meisten erwachsenen Menschen fehlt Laktase, 5. und daher können sie Laktose nicht abbauen. 6. In Populationen mit hohem Milchkonsum haben Erwachsene mehr Laktase. 7. Dies ist vermutlich ein Ergebnis der natürlichen Selektion.

In diesem Text bereitet die Überschrift den Leser darauf vor, was im Text kommt: Die Überschrift (Segment 1) ist demnach als Satellit mit dem restlichen Text als Nukleus (Segmente 2-7) über die Relation *Vorbereitung* verbunden. Innerhalb des komplexen Segments 2-7 werden wiederum einzelne Teilsegmente miteinander verbunden, wobei es Schritt für Schritt von größeren zu kleineren Segmenten geht: Das Segment 2-3 (der erste Satz als Einheit) bildet den *Hintergrund* für das Segment 4-7. Innerhalb von 2-3 wird das Segment 3 als Satellit durch *Elaboration* mit dem Nukleus 2 verbunden. Die Segmente 4-5 und 6-7 stehen im *Kontrast* zueinander. Dabei liefert 4 die *Begründung* für 5, und 7 für 6. Dies ist schematisch in (16) dargestellt:

(16)

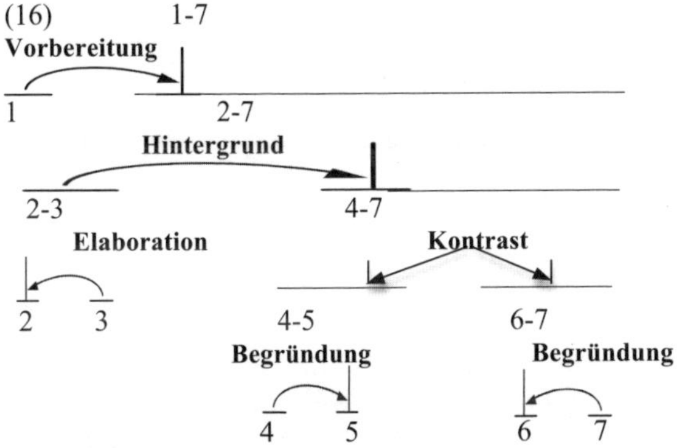

Da Nuklei die Hauptinformation erhalten, kann man relativ zuverlässig einen (Sach-)Text zusammenfassen, indem man nur die Nuklei beibehält (Taboada/Mann 2006). So ist (17) eine mögliche Zusammenfassung von (15):

(17) Laktose ist Milchzucker. Den meisten erwachsenen Menschen fehlt Laktase, und daher können sie Laktose nicht abbauen. In Populationen mit hohem Milchkonsum haben Erwachsene mehr Laktase.

Diese Tatsache macht den RST-Ansatz natürlich sehr attraktiv für die maschinelle Sprachverarbeitung und -produktion.

Nach ihrer Funktion lassen sich **präsentationelle Relationen** (sie dienen der Darstellung von Information) von **thematischen Relationen** (sie geben die inhaltlichen Beziehungen zwischen Textsegmenten wieder) unterscheiden. So ist die *Vorbereitung* im Beispiel oben eine präsentationelle Relation, während *Kontrast* und *Begründung* thematische Relationen sind.

RST eignet sich vergleichsweise gut für die Anwendung in der maschinellen Textverarbeitung und Textgenerierung: Wenn in einem Text die rhetorischen Relationen klar (z.B. durch entsprechende Konnektoren) markiert sind, kann dieser maschinell segmentiert werden, die Relationen können bestimmt und eine Baumstruktur (wie oben) kann aufgebaut werden (vgl. Stede 2008: 346). Allerdings gilt dies nur für stark kohäsive Texte, implizite Kohärenz stellt nach wie vor eine große Herausforderung für die maschinelle Sprachverarbeitung dar.

Es existiert eine Software zur automatischen Erstellung von RST-Graphen, bei der die Segmente und die Relation eingegeben werden können (zugänglich über die offizielle RST-Homepage, www.sfu.ca/rst).

7.3 Kohärenzrelationen als zusammengesetzte Konzepte

Den beiden besprochenen Ansätzen gemeinsam ist die implizite Annahme, dass Kohärenzrelationen semantische Primitive sind. Im Gegensatz dazu nehmen Sanders/Spooren/Nordman (1992) an, dass einzelne Relationen keine Primitive, sondern auf Kombinationen aus vier allgemeineren Merkmalen zurückzuführen sind. Diese Merkmale sind (i) **Grundoperation** mit den Werten *kausal* oder *additiv*, (ii) **Reihenfolge der Segmente** (*basal* vs. *nicht-basal*), (iii) **Polarität** (*positiv* vs. *negativ*) und (iv) **Kohärenzquelle** (*semantisch* vs. *pragmatisch*). So gesehen unterscheiden sich z.B. die Relationen *Ergebnis* (*Result*) und *Erklärung* (*Explanation*) nur im Reihenfolge-Merkmal, vgl. (18):

(18) a. (i) Max stolperte auf der eisglatten Straße, (ii) und brach sich den Arm.
Result: kausal, basal (Grund>>Folge), positiv, semantisch
b. (i) Max brach sich den Arm. (ii) Er stolperte auf der eisglatten Straße.
Explanation: kausal, nicht-basal (Folge>>Grund), positiv, semantisch

Bei der *Erklärung* wird die Reihenfolge der Konnekte im Vergleich zur Reihenfolge der Ereignisse umgedreht, sie ist in diesem Sinne nicht-basal. Eine Erklärung besteht auch in (19) und (20), wobei die

Relation jeweils kausal, nicht-basal und positiv ist. Die beiden Fälle unterscheiden sich jedoch im Merkmal Kohärenzquelle:

(19) Max geht heute früher nach Hause, weil er krank ist.
Explanation1: kausal, nicht-basal, positiv, semantisch

(20) Max geht heute früher nach Hause, weil – er hat es mir eben gesagt.
Explanation2: kausal, nicht-basal, positiv, pragmatisch

Während in (19) *Erklärung* auf der semantischen Ebene, d.h. der Ebene der Propositionen, gilt – der *weil*-Satz gibt einen Grund für Maxens Nach-Hause-gehen an –, ist sie in (20) auf der pragmatischen Ebene der Sprechhandlungen gegeben: Der *weil*-Satz begründet die Behauptung des Sprechers, dass Max heute früher nach Hause geht. Dieser Unterscheidung liegt das Verständnis der Pragmatik als der Teildisziplin der Sprachwissenschaft, die sich mit Sprechhandlungen befasst, während Semantik sich mit kontextfreien Bedeutungen beschäftigt; vgl. Meibauer et al. (2007: Kap. 5). Hier beobachten wir übrigens, dass, wenn die Kohärenzquelle bei einer Erklärung pragmatisch ist, *weil* im Deutschen bevorzugt mit Verb-Zweit-Wortstellung genutzt wird (vgl. Blühdorn 2005).

In einem späteren Aufsatz nennen Spooren et al. Evidenz aus der Spracherwerbsforschung für ihre Kombinationstheorie und die Merkmale: Beim kindlichen Spracherwerb werden die additiven Relationen vor den kausalen erworben, die positiven vor den negativen (Spooren/Sanders 2008).

Ebenfalls als eine Kombinationstheorie der Kohärenzrelationen kann der Ansatz von Kehler (2002) verstanden werden (siehe auch Kehler (2004) für eine Kurzdarstellung). Kehler baut auf den in Kap. 3.2 besprochenen Hume'schen konzeptuellen Grundmuster auf. Er postuliert die allgemeinen Merkmale (i) **Art des Inferierens** und (ii) **Art der Argumente** der Relation, und zeigt, wie diese in Kombination mit der **Reihenfolge der Argumente** und der **Negation** die Menge der Relationen ergeben, vgl. (21):

(21) (i) Max wollte Nina mit einem schönen Essen überraschen.
a. (ii) Er hat geputzt und eingekauft.
b. (ii) aber er hat vergessen, zu putzen und einzukaufen.

Die Art der Argumente ist in (21a) und (21b) gleich, es sind jeweils zwei Propositionen, die Satzinhalte von (i) und (ii). Auch die Art des Inferierens ist hier gleich: Es wird eine allgemeine kausale Relation zwischen den Satzinhalten inferiert: Max putzt und einkauft, weil er Nina schön überraschen will. In (21a) ist darüber hinaus die Reihenfolge der Argumente nicht-basal, so dass die Relation *Explanation* ist. In (21b) ist die Reihenfolge basal, aber es kommt die Negation hinzu: „Wenn i, dann normalerweise nicht-ii“ (wenn Max Nina mit einem Essen überraschen will, vergisst er normalerweise das Einkaufen und das Putzen nicht), zwischen den Satzteilen besteht also die Relation *Violated Expectation*.

7.4 Zusammenfassung

Innerhalb von jedem der drei konzeptuellen Grundmuster der relationalen Kohärenz lassen sich weitere Unterscheidungen je nach dem Bedeutungsbeitrag der Äußerungen treffen, und so verschiedene Kohärenzrelationen beschreiben. Wir haben uns einige neuere Theorien der relationalen Kohärenz angeschaut, die sich mit der genaueren Definition und Legitimation der Relationen befassen. Für Hobbs sowie für RST sind Kohärenzrelationen semantische Primitive, die für die Kohärenz verantwortlich sind. Für Sanders et al. und für Kehler sind die Relationen besser als Kombinationen von Grundmerkmale fassbar.

Aufgabe 1: Bestimmen Sie die rhetorischen Relationen in (a)-(c); welcher Gruppe nach Hobbs (1985) könnte man sie jeweils zuordnen?

a. Ich mag Petra nicht. Sie ist immer schlecht gelaunt.
b. Eins der Telefone klingelte. Er ging ran.
c. Meine Schwester hilft mir bei der Arbeit. Sie sammelt Belege.

Aufgabe 2: Bestimmen Sie die rhetorischen Relationen nach RST in (a)-(e). Handelt es sich jeweils um mono- oder multinukleare Relationen?

a. Anna schaut sich um und setzt sich an einen kleinen Fenstertisch.
b. Anna kommt morgen wieder. Sie besucht gerade ihre Freundin in Berlin.
c. Ich trinke gern Orangensaft. Er enthält viel Vitamin C und schmeckt gut.
d. Anna liest gern. Die meisten Kinder spielen lieber Computerspiele.

Aufgabe 3: Bestimmen Sie die rhetorischen Relationen im folgenden Text und fertigen Sie einen entsprechenden RST-Graph an. Welche der Relationen werden explizit durch Konnektoren markiert?

> Wegen des Besuchs des US-Präsidenten gleicht Dresden seit Tagen einer Festung. Tausende Polizisten und Geheimdienstler sorgen für die Sicherheit Obamas. Im Dresdner Stadtzentrum wurden drei Sicherheitszonen eingerichtet. Die Bewohner benötigen spezielle Ausweise, um in ihre Wohnungen zu gelangen. (www.tagesschau.de, 5.6.09)

Grundbegriffe: Kohärenzrelation; rhetorische Relation, RST.

Weiterführende Literatur: Ein Überblick zu Theorien der relationalen Kohärenz: Kehler (2004). Zu rhetorischen Relationen: Hobbs (1985), Mann/Thompson (1988), Taboada/Mann (2006); laufend aktualisierte Bibliographie zur RST und Software zur Erstellung von RST-Graphen auf der RST-Homepage: http://www.sfu.ca/rst.

8. Ausgewählte Modelle der referenziellen Kohärenz

Eine linguistische Theorie der referenziellen Kohärenz stellt sich die Frage, welchen Status ein Referent im Text (oder dem Text-Welt-Modell des Textrezipienten) hat – ist es neu, bereits vorerwähnt oder verankert –, und wie dieser Status sprachlich markiert werden kann. Im Folgenden werden drei einflussreiche linguistische Theorien der referenziellen Kohärenz vorgestellt; zwei davon, Givenness und Centering, befassen sich vor allem mit der (Nicht-) Austauschbarkeit verschiedener Referenzmittel. Der Ansatz von Prince (1981) setzt sich zum Ziel, die Vielfalt der Status, die ein Referent im Text haben kann, zu systematisieren.

8.1 Givenness-Theorie

Die sog. Givenness-Theorie („Gegebensein-Theorie") wurde in Gundel et al. (1993) ausformuliert. Der Begriff des Gegebenseins ist jedoch viel älter und geht auf die Prager Linguistik-Schule zurück und ihre Unterscheidung zwischen dem **Thema** eines Satzes und seinem **Rhema** (Mathesius 1929). Das Thema ist hiernach die bereits bekannte Information, i.d.R. vorgegeben durch eine Frage wie in (1), das Rhema die eigentlich neue Information, d.h. die Antwort auf diese Frage:

(1) Wer kocht das Mittagessen? Die MUTter (kocht das Mittagessen).

So ist das Thema des Antwortsatzes in (1) *kocht das Mittagessen*, das Rhema *die Mutter*; dabei trägt das Rhema die Hauptbetonung des Satzes (diese wird üblicherweise in linguistischen Texten durch Großbuchstaben markiert). Eine Antwort kann auch nur aus dem Rhema bestehen, niemals jedoch nur aus dem Thema, denn in diesem Fall ist sie nicht informativ (siehe Bußmann 2008: 733-735). Auch in der späteren Forschung spielt der – nicht mehr ausschließlich satzbezogene und weiter ausdifferenzierte – Begriff der gegebenen vs. neuen Information eine wichtige Rolle (siehe Musan 2010).

Die Vertreter der Givenness-Theorie gehen davon aus, dass sprachliche Ausdrücke an einen bestimmten **Givenness-Status** des entsprechenden Referenten, d.h. an den Grad, zu welchem der Referent dem Sprecher bekannt ist, gekoppelt sind. Diese Grade des Gegebenseins sind hierarchisch geordnet, so dass ein stärkerer Status einen schwächeren automatisch beinhaltet.

Der schwächste Grad des Gegebenseins ist „als ein Typ identifizierbar“: Wenn wir eine indefinite NP wie *eine Katze* in (2a) verwenden, dann können wir i.d.R. nicht die konkrete Katze genau identifizieren, sondern lediglich feststellen, dass das Tier, welches da läuft, dem Typ (der Gattung) Katze angehört. In (2b) reden wir auch gar nicht über eine konkrete Katze, sondern über die Vertreter der Gattung allgemein:

(2) a. Da läuft eine Katze über die Straße.
b. Eine Katze fängt gern Mäuse.

Anders liegt der Fall in (3):

(3) Stell dir vor, ich habe gestern diese neue Tatort-Kommissarin auf dem Markt gesehen.

Auch wenn dem Sprecher hier offenbar der Name oder der Dienstort der Tatort-Kommissarin entfallen sind, ist ihm diese durchaus als bestimmte Kommissarin ein Begriff (was aber wiederum bedeutet, dass er die Person dem Typ Tatort-Kommissarin zuordnen kann, der schwächere Status wird automatisch impliziert), und er will auch ganz konkret auf diese bestimmte Kommissarin referieren. Dieser zweite Grad des Gegebenseins wird „referierend“ genannt (eine leicht irreführende Bezeichnung, denn referiert wird eigentlich in all diesen Givenness-Fällen).

Insgesamt bestimmen Gundel et al. (1993) sechs Givenness-Status und die entsprechenden Referenzmittel für das Englische. Der stärkste Status ist „fokussiert“, d.h. sich aktuell im Zentrum der Aufmerksamkeit befindend; danach folgt „aktiviert“, d.h. kürzlich vorerwähnt, auch wenn aktuell nicht im Zentrum der Aufmerksamkeit. Darauf folgt „bekannt“, wobei die Bekanntheit nicht unbedingt auf einer Erwähnung im aktuellen Text beruhen muss, und „als einzigartig identifizierbar“: Diesen Status haben meist die definiten NPs. Wird in (4) die definite NP *der Lehrer* benutzt, so meint der Sprecher, dass es in dieser Situation einen genau identifizierbaren Lehrer gibt (denjenigen, der die aktuelle Schulstunde unterrichtet):

(4) Leise jetzt, der Lehrer kommt!

Gundel et al. erwarten, dass diese Givenness-Hierarchie übereinzelsprachlich gilt, und dass tendenziell gilt: Je höher die Givenness, desto kürzer die Referenzmittel. Einzelsprachliche Unterschiede gibt es in Bezug auf die konkreten Referenzmittel und darauf, ob zwei benachbarte Status evtl. zusammenfallen. In der Tabelle 1 ist die Hierarchie mit den entsprechenden Referenzmitteln für das Englische nach Gundel et al. (1993) wiedergegeben:

fokussiert (in focus)	> aktiviert (activated)	> bekannt (familiar)	> als einzigartig identifizierbar (uniquely identifiable)	> referierend (referential)	> als ein Typ identifizierbar (type identifiable)
it; he; ∅	*that; this this N*	*that N*	*the N*	indef. *this N*	*a N*

Tab. 7.1: Hierarchie der Givenness für das Englische

Für das Deutsche können wir feststellen, dass Personalpronomina ebenfalls für fokussierte Referenten verwendet werden, während für aktivierte Referenten NPs mit einem Demonstrativpronomen als Determinierer bevorzugt werden:

(5) Apropos unser Präsident$_p$: Er$_p$ wollte doch tatsächlich seinen$_p$ Bruder$_b$ zu seinem$_p$ Stellvertreter machen.
  a. Er$_{p/*b}$ bekam aber keine Mehrheit im Parlament.
  b. Dieser Mann$_{b/*p}$ / Dieser$_{b/*p}$ bekam aber keine Mehrheit im Parlament.

So ist in (5) der Präsident im Aufmerksamkeitsfokus, weswegen das Pronomen *er* in (5a) auf ihn referieren muss, und zur Referenz auf den lediglich aktivierten Bruder des Präsidenten *dieser (Mann)* benutzt wird (5b). Offensichtlich kann aber auch ein betontes demonstratives *der* wie in (6) für die aktivierten Referenten verwendet werden, während ein (unbetonter) definiter Artikel den Status „als einzigartig identifizierbar“ markiert, vgl. (4) oben:

(6) Apropos unser Präsident$_p$: Er$_p$ wollte doch tatsächlich seinen$_p$ Bruder$_b$ zu seinem$_p$ Stellvertreter machen. DER$_{b/*p}$ bekam aber keine Mehrheit im Parlament.

Ebenfalls scheint das Demonstrativum *dieser*, ähnlich wie *this* im Englischen, den Gebrauch für den zweitschwächsten Status „referierend“ zuzulassen, vgl. (7):

(7) Da war *dieser Dominikanerpater* aus Retz. Bei ihm habe ich das erste Mal gebeichtet. (Cosmas-Korpus, zitiert nach von Heusinger (2012))

Mit der Givenness-Theorie kann man erklären, warum (8) mit einer definiten NP wohlgeformt ist, nicht jedoch mit einer demonstrativen NP:

(8) Ein rotes Auto stand am Straßenrand. Von dem / #diesem Fahrer fehlte jede Spur.

Der Status des Fahrer-Referenten ist hier „als einzigartig identifizierbar“, können wir doch den Fahrer hier als „den einzigen Fahrer des roten Autos“ identifizieren. Deswegen ist hier eine demonstrative NP unpassend, drückt sie doch den schwächeren Status „referierend“ (oder ggf. die stärkeren Status „bekannt“ oder „aktiviert“ wie in (5b)) aus, während die definite NP hier genau richtig den Referentenstatus wiedergibt. Ebenso ist vorhersagbar, dass Komplexanaphern nicht durch Personalpronomina realisiert werden können: Da die entsprechenden Referenten erst durch die Komplexanapher erschaffen werden, haben sie noch nicht den höchsten Status „fokussiert“ erreicht, und so sind Personalpronomina hier keine geeigneten Referenzmittel.

Kritisieren kann man an der Givenness-Theorie, dass sie erstens nicht alle Referenzmittel berücksichtigt – so werden z.B. Eigennamen nicht in die Hierarchie integriert, obwohl sie gern zur Referenz benutzt werden – und dass es zweitens offenbar weitere Faktoren neben dem Givenness-Status des Referenten geben muss, die die Wahl der Referenzmittel beeinflussen, welche die Theorie jedoch nicht berücksichtigt.

(9) Ein rotes Auto stand am Straßenrand. Von diesem verdammten Fahrer fehlte aber jede Spur.

(10) Wer zweifelt noch an der Schuld der Angeklagten? Diese Frau hat ihren Mann grausam ermordet. Kaltblütig hat diese Frau einen Mord begangen, damit sie an das Vermögen ihres Gatten kommen konnte. (ähnliches Bsp. Consten 2004: 9)

So erlaubt offenbar der negativ-emotive Charakter der Referenz – lexikalisch wie in (9) durch *verdammt* zum Ausdruck gebracht oder sich aus dem Kontext ergebend wie in (10) – Demonstrativa unabhängig vom Gegebenheitsstatus des Referenten („eindeutig identifizierbar“ in (9) und „fokussiert“ in (10)) zur Referenz zu nutzen.

8.2 Centering-Theorie

Die Centering-Theorie (z.B. Walker et al. 1998) ist ein Ansatz zur Beschreibung der lokalen Textkohärenz, d.h. der Bezüge zwischen benachbarten Äußerungen. Allerdings sieht die Centering-Theorie dabei nicht die Kohärenzrelationen als entscheidend an, sondern die Wahl der referentiellen Ausdrücke. Diese richtet sich gemäß der Centering-Theorie danach, welche Referenten gerade im Fokus der Aufmerksamkeit beim Sprecher und beim Adressaten sind, und ist somit vorhersagbar.

Für jede Äußerung kann man eine Liste von darin erhaltenen **Zentren der Aufmerksamkeit**, d.h. der darin erwähnten Referenten, bestimmen. (Eventuell müssen auch die implizit präsenten und im Sinne des Kapitels 5 verankerten Referenten berücksichtigt werden, vgl. Walker et al. (1998: 4)). Diese Liste ist nach der relativen Wichtigkeit – der gebräuchliche Begriff dafür ist **Salienz** – der Referenten geordnet. So beinhaltet (11) drei solche Zentren, Anna, Lea und Nina, wobei die Äußerung als eine über Anna (und darüber, was sie macht) empfunden wird; Anna ist also das salienteste Zentrum:

(11) Anna trifft sich heute mit ihren Freundinnen Lea und Nina.

Das salienteste Zentrum wird **das präferierte Zentrum** genannt. Welches Zentrum präferiert wird, kann an Hand mehrerer Faktoren bestimmt werden, wobei der wichtigste Faktor die syntaktische Funktion ist: In der Regel wird das Subjekt gegenüber dem direkten Objekt präferiert und dieses gegenüber dem indirekten Objekt und anderen Satzgliedern. So ist in (11) das präferierte Zentrum, Anna, das Subjekt. Auch andere Faktoren wie Belebtheit des Referenten können eine Rolle spielen, vgl. (12), wo Anna das salienteste Zentrum ist, obwohl sie im ersten Satz nicht das Subjekt ist:

(12) Die Tasche wurde von unserer Anna genäht. Sie hat sich sehr viel Mühe gegeben.

Die Zentren der Aufmerksamkeit in einer Äußerung werden **vorwärtsbezogene Zentren** (Forward-looking Center, CF) genannt, weil diese nicht nur für diese Äußerung, sondern auch für den nachfolgenden Diskurs auf eine bestimmte Weise wichtig sind. Für alle nicht-initialen Äußerungen eines Diskurses gibt es außerdem ein **rückwärtsbezogenes Zentrum** (Backward-looking Center, CB). Dies ist das ranghöchste in der aktuellen Äußerung realisierte vorwärtsbezogene Zentrum der vorherigen Äußerung, vgl. (13):

(13) a.	Anna trifft sich heute mit Lea.	CB: -;	CFs: <Anna$_P$, Lea>
b.	Sie bringt der Freundin ein Buch mit.	CB: Anna;	CFs: <A$_P$, L, Buch>
c.	Sie freut sich, Lea zu sehen.	CB: Anna;	CFs: <Anna$_P$, Lea>

Hier ist Anna in allen drei Äußerungen das präferierte vorwärtsbezogene Zentrum, und dadurch auch zugleich das rückwärtsbezogene Zentrum der zweiten und der dritten Äußerung.

Für die sprachliche Realisierung der jeweiligen Referenten gelten bestimmte Regeln: Das CB wird präferiert durch ein Personalpronomen realisiert. Wenn überhaupt ein Referent durch ein Personalpronomen realisiert wird, dann ist dies das CB, wie in (13) oben, wo das CB Anna als das Pronomen *sie* realisiert wird. Hingegen kann man sich in diesem Satz schlecht auf Lea mit dem Pronomen *sie* beziehen, vgl. (14c), das stark markiert ist. Hier wäre Anna nach wie vor das CB (auch wenn nicht mehr das präferierte Zentrum in CF der dritten Äußerung), und deswegen sollte das einzige Personalpronomen auf Anna referieren:

(14) a. Anna trifft sich heute mit Lea. CB: -; CF: <Anna$_P$, Lea>
b. Sie bringt der Freundin ein Buch mit. CB: Anna; CF: <Anna$_P$, Lea, Buch>
c. #Sie freut sich, Anna zu sehen. CB: Anna; CF: <Lea$_P$, Anna>

Die höchste lokale Kohärenz wird dann erreicht, wenn das CB der vorigen Äußerung als CB der aktuellen Äußerung beibehalten wird und zugleich das präferierte Zentrum bleibt (in anderen Worten, alle Sätze sind über dieselbe Person oder dasselbe Objekt). Diese Art der Textweiterführung wird **Fortsetzung** (continue) genannt; sie liegt in (14) vor, wo Anna das präferierte Zentrum und das CB in (b) und (c) bleibt. Weitere Optionen des Textfortschreitens sind:

1. **Erhalt** (retain): Das CB der aktuellen Äußerung ist zugleich das CB der vorhergehenden Äußerung, aber dieses Zentrum ist aktuell nicht mehr das präferierte, vgl. den Übergang zwischen (15b)-(15c):

(15) a. Anna trifft sich heute mit Lea. CB: -; CF: <Anna$_P$, Lea>
b. Sie bringt der Freundin ein Buch mit. **CB: Anna**; CF: <A$_P$, L, Buch>
c. Lea spielt gern mit Anna. Sie$_{Lea}$... **CB: Anna**; CF: < **Lea$_P$**, A>

2. **weicher Übergang** (smooth shift): Aus den CF der vorherigen Äußerung wird ein neues CB gewählt und bleibt präferiertes Zentrum, vgl. (16b-c):

(16) a. Anna trifft sich heute mit Lea. CB: -; CF: <Anna$_P$, Lea>
b. Sie bringt der Freundin ein Buch mit. **CB: Anna**; CF: <A$_P$, L, Buch>
c. Lea freut sich über das Buch. **CB: Lea**; CF: < **Lea$_P$**, Buch>

3. **harter Übergang** (rough shift): Hierbei ist ein neues CB nicht das präferierte Zentrum der vorherigen Äußerung, und als neues präferiertes Zentrum wird eins gewählt, das gar nicht in der CF-Liste der vorherigen Äußerung vorhanden war, vgl. (17b-c):

(17) a. Anna trifft sich heute mit Lea. CB: -; CF: <Anna$_P$, Lea>
b. Sie bringt der Freundin ein Buch mit. **CB: Anna**; CF: <A$_P$, Lea, Buch>
c. Ihre Mutter mag das Buch gern. **CB: Buch**; CF: <**Mutter$_P$**, Buch>

Die lokale Kohärenz nimmt von Fortsetzung – Erhalt – weicher Übergang bis hin zum harten Übergang kontinuierlich ab. Je niedriger die lokale Kohärenz, umso schwieriger wird es für den Adressaten den Text zu verarbeiten. Umgekehrt gilt: je höher die Kohärenz, desto leichter die Verarbeitung.

An der Centering-Theorie kann man folgende drei Punkte kritisieren: Erstens kann Centering nicht adäquat mit Äußerungssequenzen umgehen, bei denen Kohärenz ohne anaphorische Bezüge entsteht. Dies ist der Fall z.B. bei (18), wo auf Grund von Weltwissen eine kausale Kohärenzrelation inferiert werden kann; in den Begrifflichkeiten von Centering wäre (18) aber inkohärent, weil es keine Überschneidung zwischen CFs gibt:

(18) a. Heute Nacht gab es einen Sturm. CB: -; CF: <Sturm$_P$>
b. Anna konnte nicht einschlafen. CB: -; CF: <Anna$_P$>

Zweitens konzentriert sich Centering ausschließlich auf lokale Kohärenz im engeren Sinne. Es werden immer zwei direkt benachbarte Äußerungen betrachtet. Da keine Vorschläge für die hierarchische Textstruktur gemacht werden, ist es schwierig, mit Fällen wie (19) umzugehen.

(19) a. Anna$_1$ trifft sich mit Lea$_2$. CB: -; CF: <Anna$_P$, Lea>
b. Die Sonne$_1$ scheint. CB: -; CF: <Sonne$_P$>
c. Sie$_1$ gehen Eis$_2$ essen. CB: -; CF: <Anna+Lea$_P$, Eis>

Laut Centering wäre (19) inkohärent, weil hier (a) und (b) sowie (b) und (c) keine gemeinsamen Zentren hätten. Im nächsten Kapitel werden wir eine Theorie, SDRT, kennenlernen, die unserer Intuition entsprechend annimmt, dass (19) kohärent ist, indem eine hierarchische Textstruktur angenommen wird: Da (b) hier den Hintergrund bildet, und somit anaphorische Bezüge zwischen (a) und (c) über (b) hinweg erwartet werden, wäre (19) in einer SDRT-Analyse durchaus kohärent.

Trotz dieser Kritikpunkte ist das Centering-Modell gut dafür geeignet, die Auflösung der (ausschließlich direkt anaphorischen) pronominalen Referenz vorauszusagen. Sie macht zwar weniger Vorhersagen als die Givenness-Theorie, diese sind dafür aber präziser. Das Modell ist aufgrund seiner übersichtlichen Formulierung explizit für die computerlinguistische Implementierung gedacht, und es erlaubt recht robuste Analysen für die einfacheren Fälle der direkten anaphorischen Bezüge mit Personalpronomina in maschinellen Textverarbeitungs- und Textgenerierungssystemen (Stede 2008).

Ein differenziertes Modell der Referentenstatus, welches auch deiktische Referenz (siehe Kap. 4.2) integriert, bietet Prince (1981). Sie weist darauf hin, dass die Unterscheidung zwischen „im Text vorerwähnt“ und „neu“ nicht die ganze Bandbreite der Referentenbekanntheit erfasst. So ist der in (20a) erwähnte Mann tatsächlich dem Leser neu, während in (20b) der Papst zwar nicht vorerwähnt wurde, jedoch nicht als dem Leser unbekannt beschrieben werden kann. Dies spiegelt sich in der Verteilung von indefinitem vs. definitem Artikel wider:

(20) a. Kommt ein Mann/#der Mann in die Kneipe und bestellt ein Bier.
b. Der Papst/#Ein Papst hat im September 2011 Deutschland besucht.

Prince schlägt daher die in (21) angegebene Bekanntheitsklassifikation für Referenten vor, welche Vorerwähntheit, Präsenz in der Kommunikationssituation sowie Inferierbarkeit via Brückeninferenzen – in anderen Worten, Anaphorik und Deixis – berücksichtigt, und zwischen ‘neu’ und ‘nicht gebraucht’ (d.h. aus dem weiteren Kontext bekannt, wenn auch im aktuellen Text nicht vorerwähnt) unterscheidet. Auf der Ebene der sprachlichen Ausdrücke erfasst diese Klassifikation den Gebrauch von indefiniten und definiten NPs:

(21)

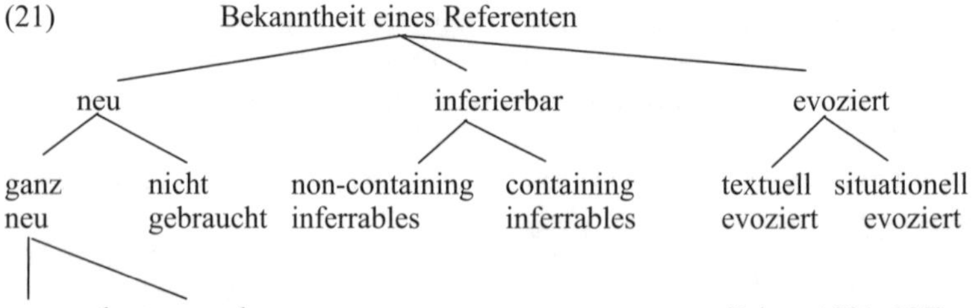

(Prince 1981: 237)

Die Vorhersage ist, dass nur ganz neue Referenten mit indefiniten NPs bezeichnet werden, während auf nicht gebrauchte, inferierbare und textuell oder situationell evozierte Referenzen mit definiten NPs verwiesen wird. Beispiele für die verschiedenen Bekanntheitsgrade seien in (22) gegeben:

(22) a. Ich habe gestern einen Mann mit zwei Köpfen im Fernsehen gesehen.
b. Ein Kollege von Peter hat erzählt, dass ...
c. Weißt du schon? Der Papst kommt morgen nach Freiburg.
d. Gestern bin ich Bus gefahren, und der Fahrer war richtig witzig.
e. Gestern bin ich mit dem Fahrer des Busses, mit dem ich unterwegs war, ins Gespräch gekommen.

f. Ich habe einen Apfel gepflückt, aber dieser Apfel ist gammelig.
g. Hey, dieser Apfel ist total gammelig!

In (22a) ist ein Mann mit zwei Köpfen tatsächlich dem Hörer ganz neu, für diese Person muss der Hörer eine ganz neue Repräsentation in seinem Textweltmodell bilden (ganz neu, unverankert). In (22b) ist ein Kollege von Peter ebenfalls unbekannt, kann aber mit einem anderen, dem Hörer bekannten, Referenten, Peter, verbunden werden (ganz neu verankert). In (22c) ist der Referent zwar nicht vorerwähnt, jedoch dem Hörer bekannt und für ihn eindeutig identifizierbar (neu, nicht gebraucht). Die Duden-Grammatik nennt diesen Status „allgemein bekannt“ (s.o.). In (22d) und (22e) können die entsprechenden Referenten inferiert werden, in (22d) handelt es sich um eine indirekte Anapher. In (22e) beinhaltet die NP, die den Referenten zum ersten Mal einführt, selbst die Information, die es erlaubt, den entsprechenden Referenten zu etablieren. Prince spricht hier von „containing inferrables“; die Duden-Grammatik beschreibt diesen Fall als „durch Attribuierung identifiziert“. (22f) ist ist ein Beispiel für den anaphorischen, und (22g) für den deiktischen Gebrauch: Der Referent ist entweder textuell gegeben, oder er ist unmittelbar in der Gesprächssituation präsent.

In der deutschen Anaphorik-Literatur macht Consten (2004, 2008) einen kognitiv basierten Vorschlag, anaphorische und deiktische Referenz unter dem Begriff der **domänengebundenen Referenz** zu subsumieren. Darunter wird Referenz verstanden, die auf Wissen aus **Domänen** im Sinne von „konzeptuell determinierten Wissensbereichen“ (Schwarz 2000: 17) zurückgreift. Je nach dem, ob bei der Referenzauflösung die Information aus der textuellen Domäne oder das Wissen aus einer nicht-textuellen (außersprachlich gegebenen) Domäne herangezogen werden, ergibt sich eine anaphorische, eine deiktische oder aber eine unikale Referenz. Consten geht davon aus, dass die Mechanismen der Referenzauflösung dabei gleich sind.

Das Konzept der domänengebundenen Referenz umfasst ausschließlich die Referenz mittels definiter NPs, wobei hier, anders als in der Klassifikation von Prince (1981), nicht die durch Attribuierung identifizierbaren Referenten (d.h. „containing inferrables“) berücksichtigt werden. Beide Modelle befassen sich nur mit dem Referieren auf konkrete Individuen oder Objekte und klammern die **generische Referenz**, d.h. die Bezugnahme auf Gattungen wie in *Der Hund ist das beliebteste Haustier in Westeuropa* aus.

8.4 Zusammenfassung

Eine der wichtigsten Eigenschaften sprachlicher Ausdrücke ist es, auf Objekte, Personen oder Vorkommnisse zu referieren. Welche sprachliche Mittel (z.B. Pronomina, Eigennamen, definite und demonstrative NPs) in welcher Konstellation dafür gebraucht werden, wird mit leicht unterschiedlichen Schwerpunkten von linguistischen Theorien wie der Centering-Theorie oder der Givenness-Theorie modelliert. Seit Prince (1981) gibt es auch Referenzmodelle, die die Bezugnahme auf textuell eingeführte Referenten und auf unmittelbar in der Kommunikationssituation anwesende Referenten gemeinsam erfassen.

Aufgabe 1: Bestimmen Sie den Status des Referenten aller referierenden NPs nach Gundel et al. (1993) und nach Prince (1981):

a. Du nimmst diesen Stift hier und schreibst deine Entschuldigung.
b. Ich habe heute den gutaussehenden Mann wieder gesehen, den ich gestern bei Paula getroffen habe.
c. Die Kanzlerin kommt morgen nach Braunschweig, um eine Schule einzuweihen.

Aufgabe 2: Versuchen Sie, die Givenness-Hierarchie für das Deutsche aufzustellen.

Aufgabe 3: Bestimmen Sie für jede Äußerung im folgenden Text die Zentren (CB, CF-Liste und Cp) und die Art des Übergangs:

> Paul ist ein glühender Fan von Emma Watson. Oft träumt er von ihr, wie auch heute Nacht. Heute träumte er, dass Emma Watson ihn liebt und sie planen zu heiraten.

Grundbegriffe: Anapher; Deixis; Centering-Theorie; Givenness-Theorie.

Weiterführende Literatur: Zur Givenness-Theorie Gundel et al. (1993); zur Centering-Theorie Walker et al. (1998), zum integrativen Referenzmodell Prince (1981).

9. Zwei Modelle für beide Kohärenzaspekte

Die bisher besprochenen Theorien befassten sich entweder mit der relationalen oder der referenziellen Kohärenz. Dabei verfuhren sie oft „bottom-up“, d.h. schauten sich erst die einzelnen Propositionen (oder Äußerungsinhalte) an, dann deren Verbindungen hoch bis zu dem gesamten Ganzen. Ein Beispiel von diesem Verfahren für die relationale Kohärenz haben wir bei der Kohärenztheorie von Hobbs gesehen, welche erst auf die Verbindungen der benachbarten Äußerungen schaut, und diese dann zu größeren Abschnitten kombiniert, für die referenzielle Kohärenz bei der Centering-Theorie. Eine andere Analyse-Option ist es, „top-down" vorzugehen, und sich vom ganzen Text ausgehend seine globale Kohärenz zu untersuchen und dann seine Abschnitte bis runter zu einer einzelnen Teiläußerung auf die Kohärenz zu prüfen. So verfuhr beispielsweise die RST. Im Folgenden werden wir zwei Theorien betrachten, die beide Aspekte der Kohärenz, den relationalen und den referenziellen, modellieren, und dabei das Top-down- und das Bottom-up-Verfahren kombinieren.

9.1 SDRT: Diskursrelationen und Anaphernauflösung

Ein Kohärenzmodell, das wesentlich auf den Beziehungen zwischen Textsegmenten basiert, aber darüber hinaus referenzielle Wiederaufnahme modelliert, ist die Segmentierte Diskursrepräsentationstheorie (Segmented Discourse Representation Theory, SDRT) von Asher/Lascarides (2003). Dies ist eine formale Theorie, die sich aus der Diskursrepräsentationstheorie (DRT, Kamp/Reyle 1993) entwickelt hat, der ersten formalsemantischen Theorie, die über die Satzgrenze hinausgeht. Von der DRT übernimmt die SDRT das Modellieren des Diskurses als eine Diskursrepräsentationsstruktur (DRS), die **Diskursreferenten** (d.h. Personen, Objekte und Ereignisse in der Textrepräsentation) und Bedingungen, die über diese Referenten gelten, enthält. Eine solche DRS wird meist als eine zweiteilige Box wiedergegeben; im oberen Teil, dem Diskursuniversum, sind die jeweiligen Referenten aufgeführt (in Gestalt von Variablen), im unteren Teil die Bedingungen über diese Variablen. Eine entsprechende DRS für (1a) ist in (1b) gegeben:

(1) a. Hans hat ein Auto. b.

x, y
Hans = x auto (y) haben (x, y)

(1a) führt zwei Diskursreferenten ein. Der Diskursreferent x wird durch einen Eigennamen benannt. Der Diskursreferent y wird dadurch charakterisiert, dass auf ihn die Eigenschaft, ein Auto zu sein, zutrifft. Da der Bedeutungsbeitrag des Eigennamens nicht eine Eigenschaft sondern ein direkter Bezug zum Namensträger ist, unterscheiden sich die Bedingungen (der Eigenname führt eine gleichsetzende Bedingung ein, während eine indefinite Nominalphrase *ein Auto* eine prädikative Bedingung einführt). Die beiden Referenten stehen in einer Besitzbeziehung zueinander.

Jede neue Äußerung führt zu einem **Update** der DRS, im Zuge dessen neue Referenten und Bedingungen hinzukommen, und anaphorische Bezüge aufgelöst werden. So kommt in (2) ein neuer Referent z und eine neue Bedingung hinzu, wonach auf z die Eigenschaft zutrifft, rot zu sein. Als letzte Bedingung kommt die Auflösung des Bezugs des Pronomens *es* auf das Auto hinzu, indem die Variablen z und y miteinander identifiziert werden:

(2) a. Hans hat ein Auto. Es ist rot.

b.

x, y, z
Hans = x auto (y) haben (x, y) rot (z) z = y

Bisher wurden die Gemeinsamkeiten von DRT und SDRT vorgestellt. Zwei wesentliche Punkte unterscheiden aber die SDRT von ihrer Vorgängerin.

Erstens: SDRT modelliert die hierarchische Struktur von Texten mit Hilfe von **Diskursrelationen**, die die Textbestandteile miteinander verbinden. Diskursrelationen bestehen zwischen Informationseinheiten. Diese rangieren von Teilen eines Lexikoneintrags bis hin zu ganzen Diskursabschnitten. Auch in diesem Ansatz werden koordinierende und subordinierende Diskursrelationen unterschieden. Die Diskursrelationen werden durch die Beschränkungen über ihre Argumente definiert. So verlangt die subordinierende Diskursrelation *Background*, dass der Zustand, der den Hintergrund bildet, sich zeitlich mit dem Vordergrund-Ereignis überlappt, wie in (3), wo die zweite Äußerung als eine Hintergrundinformation zur ersten Äußerung mit *Background* angebunden wird. Die Argumente der Diskursrelationen, also die Informationseinheiten, sind wiederum als Referenten π_1, π_2 usw. repräsentiert:

(3) Hans hat ein Auto. Es ist rot.

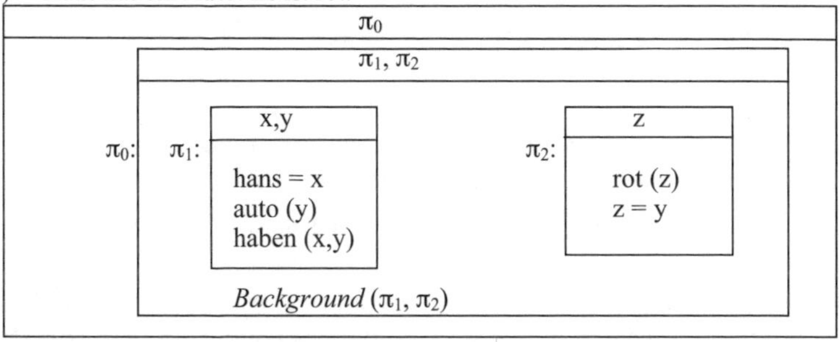

Dabei werden einzelne Propositionen als Variablen (hier π_1, π_2) eingeführt, und dann als eingebettete Boxen repräsentiert. Dies ist durch die zweite wichtige Eigenschaft der SDRT bedingt: Zweitens nämlich sind die Strukturen der SDRT, SDRSs, an sich radikal **unterbestimmt**. Dies bedeutet, dass die anaphorischen Bezüge und die bestehenden Diskursrelationen nicht von Beginn an vorgegeben sind, sondern erst unter Einbeziehung von allen verfügbaren Wissensquellen, also lexikalischem und grammatischem Wissen, aber auch Weltwissen, bestimmt werden:

(4) (i) Max verkaufte sein Haus und (ii) zog in eine kleine Mietwohnung ein.

(5) (i) Max kaufte ein Haus und (ii) zog in eine kleine Mietwohnung ein.

So kann in (4) eine kausale Relation zwischen (i) und (ii) inferiert werden: Max zog in eine kleine Mietwohnung ein, *weil* er sein Haus (wo er vermutlich bis dahin gelebt hat) verkauft hat. (5) hingegen kann als ein Fall von Kontrast zwischen (i) und (ii) gelesen werden: *Obwohl* Max ein Haus kaufte, zog er offensichtlich nicht dort ein, sondern mietete sich eine Wohnung (vermutlich um das neu erworbene Haus zu vermieten, werden wir aus unserem Weltwissen hier schlussfolgern).

Die Diskursrelationen, die die SDRT annimmt, stammen im Wesentlichen aus dem Fundus der RST. Auch die SDRT geht davon aus, dass die Menge der Relationen prinzipiell offen ist. Da die SDRT eine semantische Theorie des Diskurses ist, verlangt sie für die Annahme einer neuen Relation, dass diese Einfluss auf die Wahrheitsbedingungen der Verbindung hat. So werden die Relationen *Result (i, ii)* in (6) und *Explanation (i, ii)* in (7) voneinander unterschieden, weil beide zwar kausale Verbindungen zwischen zwei Konnekten sind, *Result* jedoch verlangt, dass der erste Konnekt (i) zeitlich zuerst stattgefunden hat, bei *Explanation* muss (ii) zeitlich vorangehen:

(6) (i) Max stolperte auf der eisglatten Straße. (ii) Er brach sich den Arm.

(7) (i) Max brach sich den Arm. (ii) Er stolperte auf der eisglatten Straße.

Anders als für die RST, die davon ausgeht, dass zwischen zwei Segmenten genau eine Relation besteht, ist es im Rahmen einer SDRT-Analyse zulässig, dass zwischen zwei Segmenten mehrere Relationen gleichzeitig bestehen. Dies ist z.B. der Fall in (8):

(8) (i) Max zog von Dahlem nach Wedding um. (ii) Die Miete war sehr hoch.

Kennt man sich mit der Wohnsituation in Berlin aus, wird man (8) bevorzugt so verstehen, dass die Miete in Dahlem für Max zu hoch war, und er deswegen Dahlem verlassen hat, so dass (ii) hier gleichzeitig den Hintergrund *und* die Erklärung für (i) bietet. Theoretisch möglich wäre aber auch, dass die Miete am neuen Wohnort hoch ist; in diesem Fall wäre (ii) nur der Hintergrund: ein Fall, der laut unserem Weltwissen für (9) plausibel ist:

(9) (i) Max zog von Wedding nach Dahlem um. (ii) Die Miete war sehr hoch, (iii) aber das nahm er in Kauf.

Verantwortlich dafür, dass in (8) zwei Diskursrelationen zugleich inferiert werden, ist das **Kohärenzmaximierungsprinzip**, laut welchem generell Teile eines Texts möglichst eng und durch eine möglichst spezifische Beziehung verbunden sein sollen, um so die maximale Kohärenz zu gewährleisten. *Erklärung* ist eine spezifischere, d.h. informativere, Relation als *Hintergrund*; deswegen wenn sie, wie in (8), inferiert werden kann, steigert dies die Kohärenz.

Ähnlich wie bei Hobbs und bei der RST spielen inhaltliche Beziehungen zwischen Textsegmenten, die Diskursrelationen, auch bei der SDRT die entscheidende Rolle für die Herstellung von Kohärenz. Im Unterschied zu Hobbs' Ansatz und zur RST widmet die SDRT aber mehr Aufmerksamkeit auch anderen Aspekten der Kohärenz, insbesondere der Referenz und der Koreferenz. Dabei werden Regeln dafür aufgestellt, an welche der vorherigen Äußerungen genau die aktuelle Äußerung anknüpfen kann und dementsprechend auch welche Koreferenzbeziehungen möglich und welche ausgeschlossen sind. Etwas vereinfacht, kann eine Anapher ihren Antezedenten in der linear letzten Äußerung haben, oder in einer Äußerung auf derselben Ebene über die subordinierten Äußerungen hinweg.

(10) a. Anna trifft sich heute mit Lea.
b. Die Sonne scheint.
c. Sie gehen Eis essen.
d. #Sie verschwindet hinter den Wolken.

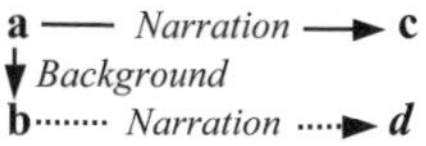

So kann die Wohlgeformtheit von (10) – das Beispiel 19 aus dem letzten Kapitel – aus seiner Struktur erklärt werden: Da die Äußerung (10b) tiefer eingebettet ist als die nachfolgende Äußerung (10c), die sich auf einer Ebene mit (10a) befindet, kann die Anapher *sie* in (10c) auf die in (10a) eingeführten Referenten Anna und Lea beziehen. Nicht wohlgeformt hingegen wäre der Bezug mit *sie* in (10d) auf die Sonne in (10b), weil die dazwischen liegende übergeordnete Äußerung (10c) die Bezugnahme verhindert.

Zu der Formalisierung der Koreferenz-Beziehungen kommt hinzu, dass auch der Einfluss des Weltwissens auf die Kohärenzherstellung nicht nur postuliert wird, sondern genau im technischen Rahmen des SDRT-Ansatzes modelliert. Dabei bedient sich die SDRT beider eingangs besprochenen Analyseweisen, indem sie „bottom-up" die unterspezifizierten Strukturen aufbaut und dann „top-down" die Auflösungen der unterspezifizierten Strukturen durchführt.

Eine Bemerkung noch: Natürlich sind die Ähnlichkeiten zwischen den in der SDRT verwendeten Diskursrelationen, den Kohärenzrelationen von Hobbs und den rhetorischen Relationen der RST groß: Nicht nur teilen die drei Ansätze die grundlegende Vorstellung von einer inhaltlichen Beziehung zwischen Textabschnitten, sondern auch viele der beschriebenen Relationen, wie z.B. *Result*, *Elaboration*, *Cause*, stimmen überein. Deswegen werden die Begriffe Diskurs- und Kohärenzrelation sowie rhetorische Relation zum Teil synonym verwendet.

Die unterschiedlichen Termini spiegeln jedoch die jeweiligen Präferenzen wider: Für Hobbs besonders wichtig ist, dass es diese Relationen sind, die für die Kohärenz verantwortlich sind. Für die RST ist der rhetorische Effekt, der durch die Verbindung zweier Inhalte beim Rezipienten entsteht, entscheidend. Und für die SDRT geht es in erster Linie darum, dass die aus unterschiedlichen Wissensquellen gespeisten Strukturbezüge eines Texts (in der englischsprachigen Terminologie *eines Diskurses*) offenzulegen.

9.2 Quaestio-Ansatz: die Frage zum Text

Ein weiteres Modell der Textstruktur, welches die relationale und die referenzielle Kohärenz erfassen soll, ist der Quaestio-Ansatz von Klein/von Stutterheim (1987ff.). Klein und von Stutterheim schlagen vor, dass ein Text in seiner Gesamtheit dann kohärent ist, wenn er eine (meist implizite, aber inferierbare) Frage, die **Quaestio** dieses Texts, beantwortet. In anderen Worten, um einen Text als kohärent zu empfinden, muss ein Hörer eine diesem Text zugrunde liegende Frage inferieren können.

So wird man vermutlich den Text in (11) spontan als eine Antwort auf die Frage *Wie stellst Du Dir Deine Zukunft vor?* lesen:

(11) Meine Zukunft steht im Grunde schon fest. Ich werde erst studieren und dann unser Familienunternehmen übernehmen. Es ist eine Verpackungsfabrik, die hat schon mein Opa gegründet. Außerdem werde ich meine Freundin heiraten und wir werden Kinder bekommen. Ich hätte am Liebsten zwei, einen Jungen und ein Mädchen.

Eine Quaestio für eine Wegbeschreibung ist ebenso leicht gefunden: Sie beantwortet eine oft explizite (oder, z.B. in einem Reiseführer, eine implizite) Frage *Wie komme ich zu ...?*. Kochrezepte beantworten Fragen vom Typ *Wie bäckt man einen Schokoladenkuchen?*. Auch für andere Textsorten lassen sich solche Questiones angeben, z.B. *Warum ist Anna sauer?* oder *Was hast du am Wochenende gemacht?* für eine alltägliche Unterhaltung.

Die meisten solcher Fragen lassen sich nicht unbedingt in einem Satz beantworten. In der Regel verteilt sich die Antwort auf eine Reihe von Äußerungen, die in bestimmter Weise miteinander verknüpft sind. In diesem Fall beantwortet jede einzelne Äußerung eine **Subquaestio**, welche sich aus der übergeordneten Quaestio, der Frage zu dem gesamten Text, ergibt. In (12') wird eine Quaestio-Struktur für ein Rezept in (12) skizziert:

(12) Schokoladenkuchen
125 g Butter, 125 g Schokolade (mind. 45% Kakao), 50 g Zucker, 3 Eier
Schokolade und die Butter in einem Wasserbad verflüssigen. Eier und Zucker mit einem Schneebesen verrühren, bis sich der Zucker aufgelöst hat. Schokolade-Butter-Mischung mit der Eier-Zucker-Masse vermengen. Alles in eine Kuchenform geben und im vorgeheizten Backofen bei 180°C Umluft 20 Minuten backen.

(12’) Q: *Wie bäckt man einen Schokoladenkuchen?*

SubQ1: *Was braucht man alles?*	SubQ2: *Was tut man zuerst?*	SubQ3: *Was ist der nächste Schritt?*
125 g Butter, 125 g Schokolade ...	Schokolade und die Butter in einem Wasserbad verflüssigen.	Eier und Zucker mit einem Schneebesen verrühren ...

Wenn wir uns die Wegbeschreibung in (13) anschauen, sehen wir jedoch, dass bei Weitem nicht alle Äußerungen tatsächlich über die Subquaestiones vermittelt die Text-Quaestio beantworten:

(13) Q: Können Sie mir sagen, wo das Goethehaus ist?
Ja, lassen Sie mich einen Moment überlegen. Ich war selbst letzte Woche dort. Ja, Sie gehen hier ungefähr 300 Meter runter, dann gehen Sie hinter der Kirche links. Dann nochmal nach 300 Metern kommen Sie zu einem Platz, einem sehr schönen Platz. Den überqueren Sie, gehen weiter und gehen dann nach rechts. Sie können es wirklich nicht verfehlen. Dann ist es die zweite Straße links, und dann sehen Sie es schon. Es ist gelb, so gelblich. Okay? (Klein/von Stutterheim 2008: 225)

So kann die Äußerung *Ich war selbst letzte Woche dort.* keineswegs als eine (Teil-)Antwort auf die Quaestio gesehen werden. Trotzdem hat dieser Satz durchaus Sinn in diesem Kontext. Der Sprecher verschafft sich damit einerseits eine kurze Nachdenkzeit und versichert andererseits dem Hörer, dass er die Frage kompetent beantworten kann. Klein und von Stutterheim schlagen deshalb eine Differenzierung in Haupt- und Nebenstruktur vor: Die Äußerungen, die direkt die Quaestio eines Texts beantworten, bilden die **Hauptstruktur** dieses Texts. Äußerungen, die keine Antworten auf die Quaestio liefern, sondern stattdessen Hintergrundinformationen aller Art beisteuern, bilden die **Nebenstruktur**. Als Nebenstruktur dienen oft Bewertungen (wie in (13) *einem sehr schönen Platz*), Kommentare (*Ich war selbst letzte Woche dort.* oder *Sie können es wirklich nicht verfehlen*), und Beschreibungen (*Es ist gelb, so gelblich*).

In (14) sind die Äußerungen, die zur Hauptstruktur gehören, unterstrichen:

(14) Q: Können Sie mir sagen, wo das Goethehaus ist?
Ja, lassen Sie mich einen Moment überlegen. Ich war selbst letzte Woche dort. Ja, Sie gehen hier ungefähr 300 Meter runter, dann gehen Sie hinter der Kirche links. Dann nochmal nach 300 Metern kommen Sie zu einem Platz, einem sehr schönen Platz. Den überqueren Sie, gehen weiter und gehen dann nach rechts. Sie können es wirklich nicht verfehlen. Dann ist es die zweite Straße links, und dann sehen Sie es schon. Es ist gelb, so gelblich. Okay?

An diesem Beispiel sieht man, dass Nebenstruktur-Inhalte auch wichtig für den Textzweck sein können: So kann die Information über die Farbe des Hauses hilfreich oder gar entscheidend für seine Identifizierung sein. Außerdem ist der Anteil der Nebenstruktur-Äußerungen durchaus mit dem der Hauptstruktur-Äußerungen vergleichbar. Je nach Sprecher und Textsorte können Nebenstrukturen auch deutlich umfangreicher als die Hauptstruktur sein; dies ist z.B. in der alltäglichen Unterhaltung oder mündlichen Erzählungen der Fall, vgl. (15), eine mündliche Nacherzählung von einem Film auf die explizite Frage *Was ist dann passiert?* hin (die Hauptstruktur ist wieder unterstrichen):

(15) Q: Was ist dann passiert?
Chaplin ist aus dem Gefängnis entlassen worden, und möchte aber eigentlich gar nicht gehen, weil er meint, dass es ihm da besser geht, im Gefängnis, als draußen, wo er auch arbeitslos war und immer hungrig. Und ähm der Gefängnisdirektor gibt ihm einen Brief mit [...] (von Stutterheim 1997: 360)

Jede einzelne Äußerung enthält ein Gefüge von Angaben zu unterschiedlichen konzeptuellen Domänen oder **Referenzbereichen**: Es werden Informationen über bestimmte Zeiten, Orte, Personen und Objekte, Tätigkeiten (Handlungen, Vorkommnisse, aber auch Zustände oder Eigenschaften) sowie über die Modalität der Handlungen (d.h., ob sie möglich, real, notwendig, fiktiv usw. sind), gegeben, vgl. (16):

(16) Q: Können Sie mir sagen, wo das Goethehaus ist?
Sie gehen hier ungefähr 300 Meter die Straße runter ...
Zeit: jetzt (Zeit des Gesprächs)
Ort: hier (Ort des Gesprächs)
Personen: Hörer; *Objekte*: Straße
Tätigkeiten: 300 Meter die Straße runter gehen
Modalität: möglich

Jede Folgeäußerung, die ebenfalls zu der Hauptstruktur gehört, behält einen Teil der Informationen zu den Referenzbereichen bei und führt andere Informationen neu ein. So wird in (3) oben mit der zweiten Hauptstruktur-Äußerung *dann gehen Sie hinter der Kirche links* ein neues Objekt (Kirche) und eine neue Handlung (hinter der Kirche links gehen) eingeführt, die Person (Hörer) und die Modalität (möglich) bleiben aber erhalten. Diese Entfaltung der Information zu den jeweiligen Referenzbereichen von Äußerung zu Äußerung, die nach Vorgaben der Quaestio des Gesamttextes geschieht, nennen Klein und von Stutterheim **referenzielle Bewegung**. Wie genau die referenzielle Bewegung zu erfolgen hat, d.h. welche Referenzbereiche zu belegen sind und wie sie zu belegen sind, wird ebenfalls zum Teil schon durch die Quaestio festgelegt, vgl. (17):

(17) Q: Was hast du am Wochenende gemacht?
a. Am Samstag bin ich mit meiner Mutter ins Krankenhaus gefahren. Wir haben dort meine Oma besucht. Sie muss nach einer Operation dort bleiben. Und am Sonntag war ich mit Paul den ganzen Tag im Freibad.
b. #Ich bin ein eher ruhiger Mensch. Ich bleibe am Wochenende gern zu Hause.
c. #Eine Freundin hat das ganze Wochenende durchgetanzt. Sie war bei so'nem Tango-Non-Stop-Festival, wo ohne Pause getanzt wird.

So bestimmt die Quaestio in (17) aus Kohärenzgründen, dass die Zeit am Wochenende vor der Äußerungszeit, die involvierte Person der Angesprochene, die Tätigkeiten entweder aktive Handlungen oder Vorfälle sind, und die Modalität real ist; offen bleibt hingegen der Ort. Durch diese Festlegungen kann die Inkohärenz von (17b-c) erklärt werden: In (17b) entspricht der Zeitbereich (hier wird ein aktuell anhaltender Zustand beschrieben) nicht der Quaestio-Vorgaben. In (17c) schließlich ist die Person nicht der Angesprochene, weswegen auch (17c) keine geeignete Antwort auf die Quaestio ist.

Die durch die Quaestio auferlegten Anforderungen an die Referenzbereiche gelten für die Hauptstruktur; die Nebenstruktur kann gegen sie verstoßen, ohne dass der Text inkohärent wird, vgl. (18) (Die Nebenstruktur ist kursiviert):

(18) Q: Was hast du am Wochenende gemacht?
Ich bin ein eher ruhiger Mensch. Deswegen bleibe ich am Wochenende gern zuhause. Mein Freund geht auch nicht so gern aus. Dieses Wochenende *auch*, da habe ich viel gelesen, und wir haben ein wenig im Garten gearbeitet.

Bei der Veränderung der Belegung der einzelnen Referenzbereiche von einer Äußerung zur nächsten wird zwischen verschiedenen Arten der referenziellen Bewegung unterschieden. Dabei kann eine bestimmte Belegung **eingeführt** oder **fortgeführt** werden; ersteres ist in der ersten Hauptstruktur-Äußerung der Fall. So werden in (17a), hier wiederholt als (19), in der ersten Äußerung für die Referenzbereiche Zeiten, Personen und Tätigkeiten folgende Belegungen eingeführt: Die Zeit ist Samstag, Personen sind der Sprecher und seine Mutter, und die Tätigkeit ist Ins-Krankenhaus-Fahren:

(19) Q: Was hast du am Wochenende gemacht?
Am Samstag bin ich mit meiner Mutter ins Krankenhaus gefahren. Wir haben dort meine Oma besucht.

Bei der Fortführung kann man zwischen **Erhalt** (Belegung bleibt gleich), **Verschiebung** (Belegung verändert sich, behält aber die Anknüpfung an die vorherige Belegung) und **Wechsel** (Belegung ändert sich komplett, oft im Kontrast zur vorherigen Belegung) von einzelnen Parameter reden. So verschiebt sich in der zweiten Äußerung die Zeit (der Besuch der Oma liegt zeitlich unmittelbar nach der Hinfahrt); im Personenbereich bleiben der Sprecher und seine Mutter erhalten und die Großmutter wird neu eingeführt.

Der Unterschied zwischen Einführung, Erhalt, Verschiebung und Wechsel lässt sich gut für den Zeitbereich illustrieren (dabei verwende ich die übliche Kennzeichnung von Zeitintervallen mit t):

(20) **Refer. Bewegung** (am Bsp. des Zeitparameters)
- → **Einführung**
- → **Fortführung**
  - → **Erhalt**: $t_1 = t_2$
  - → **Verschiebung**: chronolog. Abfolge: $t_1 > t_2$
  - → **Wechsel**: Andere Abfolgen

Alle Arten der referenziellen Bewegung im Zeitbereich sind in (21) illustriert:

(21) Es war irgendwann an einem schönen Sommerabend *[Zeit wird eingeführt]*. Ich kam von meiner Arbeit nach Hause *[Zeit wird erhalten]*, wieder mal gefrustet und wusste, diesen Job wirst du nicht bis zur Pensionierung machen. [...]
Ich setzte mich auf den Balkon *[Zeit wird weiter verschoben]*, genehmigte mir einen Kaffee und die Zeitung *[Zeit wird weiter verschoben]*. Und ich sah eine Annonce „Wie Feng Shui Ihr Leben verändert" *[Zeit wird weiter verschoben]*. Zufälle gibt es! Es war Mittwoch, der Kurs startete die Woche darauf und ich hab mich angemeldet *[Zeit wird weiter verschoben]*, obwohl ich nicht mal wusste, was Feng Shui ist.
Die nächste Woche *[Zeit wird gewechselt]* stand eine nette Dame im Lehrerzimmer und versuchte uns mit einfachen Mitteln und Farben zu erklären, was Feng Shui ist. [...]
Mein Leben hat sich mit der Ausbildung sehr positiv verändert. *[Zeit wird gewechselt]* (www.vielharmonie.com)

Insbesondere in Erzählungen ist die Verschiebung im Zeitbereich, die einer chronologischen Erzählung entspricht, der Normalfall; sie kann, muss aber nicht, explizit markiert werden, vgl. (22):

(22) Q: Was geschah vorhin?
Ein Mann mit einer Maske betrat die Bank. Er sah sich um. Dann ging er zum Schalter und zog eine Waffe.

Hier haben wir es mit einer Abfolge von vier Ereignissen zu tun, deren Zeiten eine relative Abfolge bilden: t_1 (Bank betreten) < t_2 (sich umsehen) < t_3 (zum Schalter gehen) < t_4 (Waffe ziehen). Die Zeit wird erst eingeführt und dann drei Mal verschoben, wobei die Verschiebung nur ein Mal durch *dann* markiert wird, und zwei Mal implizit bleibt. Eine Verletzung des chronologischen Prinzips, d.h. ein Erhalt oder ein Wechsel im Zeitbereich, muss hingegen stets explizit gekennzeichnet werden, vgl. (23):

(23) Q: Was geschah vorhin?
  a. Ein Mann mit einer Maske betrat die Bank. Gleichzeitig kam eine Angestellte hinter einem Schalter hervor. ($t_1 = t_2$)
  b. Ein Mann mit einer Maske betrat die Bank. Eine Angestellte kam hinter einem Schalter hervor. ($t_1 < t_2$)

In (23a) wird durch *gleichzeitig* der Erhalt der Zeit gekennzeichnet; ohne eine solche explizite Markierung kann die referenzielle Bewegung nur als Verschiebung verstanden werden, vgl. (23b).

Gewisse Ähnlichkeiten zum Quaestio-Ansatz hat auch der ihm verwandte, aktuell viel benutzte semantische Ansatz von Roberts (1996) und ihrer Nachfolger. Auch nach diesem Ansatz gibt ein Text die Antwort auf eine aktuelle Diskussionsfrage (question under discussion, QUD) mit ihren Teilfragen.

9.3 Zusammenfassung

SDRT und der Quaestio-Ansatz modellieren zugleich die relationale und die referenzielle Kohärenz. Dabei geht SDRT von einer hierarchischen Textstruktur aus, bei der Textsegmente mit möglichst viel und möglichst informativen Diskursrelationen miteinander verknüpft werden. Der Quaestio-Ansatz verankert Kohärenz in der Erschließung einer (meist impliziten) Frage zum gesamten Text. Indem diese Frage, die Quaestio, erschlossen wird, kann der thematische Zusammenhang, d.h. die Kohärenz, dieses Texts erfasst werden. Die Quaestio wird durch Teilfragen ausgearbeitet, auf die einzelne Äußerungen der Hauptstruktur eines Texts Antworten liefern. Äußerungen, die keine unmittelbaren Antworten auf die Quaestio oder ihre Teile sind, bilden die Nebenstruktur eines Texts. In den Äußerungen, die zu der Antwort auf die Quaestio direkt beitragen, wird die Entwicklung der Information durch die Quaestio teilweise vorgegeben. Entlang dieser Vorgaben werden in einem kohärenten Text die Informationen zu den einzelnen Bereichen (Orte, Zeiten, Personen, Tätigkeiten, Modalitäten) eingeführt oder fortgeführt (erhalten, verschoben oder gewechselt).

Aufgabe 1: Machen Sie ein SDRT-Darstellung für das folgende Beispiel:
Paul ist hingefallen, weil Peter ihn geschubst hat. Die beiden Jungs streiten oft.

Aufgabe 2: Bestimmen Sie die Quaestio für den folgenden Text, und teilen Sie von dieser Quaestio ausgehend den Text in Hauptstruktur und Nebenstruktur(en):

> Die alte Wohnung hatte 4 Zimmer und eine relativ große Küche. Die Räume waren sehr hoch und hell, zwei gingen zur Straße und drei auf einen grünen Hof; dort haben die Kinder immer gespielt. So etwas fehlt uns jetzt. Außerdem hatte sie in allen Räumen Parkett.

Grundbegriffe: Diskursreferent; Diskursrelation; Quaestio, referenzielle Bewegung; SDRS, SDRT.

Weiterführende Literatur: Zu SDRT Asher/Lascarides (2003); erste Einführungen in den Quaestio-Ansatz bieten Vater (2001: Kap. 5), von Stutterheim/Klein (2008) und Musan (2010: Kap. 9), mehr Details sind in Klein/von Stutterheim (1987) und von Stutterheim (1997) zu finden. Zum QUD-Ansatz siehe Roberts (1996) und Simons et al. (2010).

10. Schlussbemerkung zur Kohärenz

In dieser Einführung haben wir (i) den relationalen Aspekt der Kohärenz, d.h. das Bestehen inhaltlicher Beziehungen (kausal, temporal usw.) zwischen Textteilen, ggf. gestützt durch besondere sprachliche Hinweise (z.B. Konnektoren), und (ii) den referenziellen Aspekt, d.h. eine erneute Bezugnahme auf einmal eingeführten Personen, Objekte, Ereignisse usw., durch anaphorische Ausdrücke, als die beiden Facetten der Kohärenz betrachtet. Dabei sind wir davon ausgegangen, dass die Kohärenz etwas Dynamisches ist, das bei der Produktion und der Rezeption eines Texts entsteht. Wir haben uns insbesondere angeschaut, wie all die im Text vorhandenen Informationen und weiterführende Schlussfolgerungen auf der Basis dieser Informationen dem Leser helfen, einen Text als kohärent zu verstehen. In diesem Sinne kann Kohärenz natürlich nicht vom Text als Produkt losgelöst betrachtet werden.

Das Ziel dieser Einführung ist es, einen ersten Einblick in das Phänomen der Textkohärenz aus der Sicht der Linguistik zu bieten, und dafür auch die Fragestellungen einiger auserwählter aktueller Texttheorien zu skizzieren. Sie ist keineswegs als eine umfassende Darstellung gedacht, sondern soll als eine erste Anregung – aus einem der vielen möglichen Blickwinkel – zur weiteren Beschäftigung mit diesem faszinierenden Thema dienen.

Literatur

Abbott, Barbara (2010): Reference. Oxford: OUP.

Adamzik, Kirsten (2004): Textlinguistik. Tübingen: Niemeyer.

Asher, Nicholas/Lascarides, Alex (2003): Logics of conversation. Cambridge: CUP.

Beaugrande, Robert de/Dressler, Wolfgang (1981): Einführung in die Textlinguistik. Tübingen: Niemeyer.

Blühdorn, Hardarik (2005): Zur Semantik kausaler Satzverbindungen. In: Studi Linguistici e Filologici Online 3.2, 311-338. www.humnet.unipi.it/slifo (Stand 20.4.2012).

Blühdorn, Hardarik (2008): Subordination and coordination in syntax, semantics and discourse. In: Fabricius-Hansen, Cathrine/Ramm, Wiebke (Hgg.): 'Subordination' vs. 'Coordination' in Sentence and Text. Amsterdam: Benjamins, 59-85.

Brinker, Klaus (^{6}2005): Linguistische Textanalyse. Eine Einführung in Grundbegriffe und Methoden. Berlin: Erich Schmidt Verlag.

Brinker, Klaus et al. (Hgg.) (2000/2001): Text- und Gesprächslinguistik. HSK 16. Berlin: de Gruyter.

Brown, Gillian/Yule, George (2004): Discourse Analysis. Cambridge: CUP.

Burkhardt, Petra (2006): Inferential bridging relations reveal distinct neural mechanisms: evidence from event-related brain potentials. In: Brain and Language 98/2, 159-168.

Bußmann (2008): Lexikon der Sprachwissenschaft. Stuttgart: Kröner.

Christmann, Ursula (2000): Aspekte der Textverarbeitungsforschung. In: Brinker, Klaus et al. (Hgg.), 113-122.

Clark, Herbert (1977): Bridging. In Johnson-Laird, Philip/Wason, Peter (Hgg.): Thinking. Reading in cognitive science. Cambridge: CUP, 411-420.

Consten, Manfred (2004): Anaphorisch oder deiktisch? Zu einem integrativen Modell domänengebundener Referenz. Tübingen: Niemeyer.

Consten, Manfred (2008): ‚Beißen sie?' – Indirekte Deixis und die Selektion von Referenzdomänen. In: Pohl, Inge (Hg.): Semantik und Pragmatik – Schnittstellen. Frankfurt/M.: Peter Lang, 41-63.

Consten, Manfred/Schwarz-Friesel, Monika (2007): Anapher. In: Hoffmann, Ludger (Hg.): Deutsche Wortarten. Berlin: de Gruyter, 265-292.

Davidson, Donald (1967): The logical form of action sentences. In: Rescher, Nicholas (hg.): The logic of decision and action. Pittsburgh: Univ. of Pittsburgh Press, 81-95.

Dijk, Teun A. van (1997): Discourse as structure and process. London: Sage Publ.

Duden (2009): Band 4. Grammatik. Mannheim: Dudenverlag.

Fabricius-Hansen, Cathrine (2000): Formen der Konnexion. In: Brinker, Klaus et al. (Hgg.), 331-343.

Gansel, Christina/Jürgens, Frank (2007): Textlinguistik und Textgrammatik. 2., überarb. und ergänzte Aufl. Göttingen: Vandenhoeck & Ruprecht.

Gernsbacher, Morton Ann/Givón, Talmy (1995): Coherence in spontaneous text. Amsterdam: Benjamins.

Grice, H. Paul (1967/1989): Logic and conversation. In Grice, H. Paul: Studies in the way of words, Cambridge: Harvard Univ. Press, 22-40.

Gundel, Jeannette/Hedberg, Nancy/Zacharski, Ron (1993): Cognitive status and the form of referring expressions in discourse. In: Language 69/2, 274-307.

Hartung, Wolfdietrich (2000): Kommunikationsorientierte und handlungstheoretisch ausgerichtete Ansätze. In: Brinker, Klaus et al. (Hgg.), 83-96.

Hausendorf, Heiko/Kesselheim, Wolfgang (2008): Textlinguistik fürs Examen. Göttingen: Vandenhoeck & Ruprecht.

Heinemann, Margot/Heinemann, Wolfgang (2002): Grundlagen der Textlinguistik: Interaktion – Text – Diskurs. Tübingen: Niemeyer.

Heusinger, Klaus von (2011): Specificity. In: Maienborn, Claudia/Heusinger, Klaus von/Portner, Paul (Hgg.): Semantics. HSK 33.2. Berlin/New York: de Gruyter, 1025-1058.

Heusinger, Klaus von (2012): Referentialität, Spezifizität und Diskursprominenz im Sprachvergleich am Beispiel von indefiniten Demonstrativpronomen. In: Gunkel, Leo/Zifonun, Gisela (Hgg.): Deutsch im Sprachvergleich. Berlin/New York: de Gruyter, 417-455.

Hobbs, John (1985): On the coherence and structure of discourse. CSLI-Report 85-37, Stanford: CSLI Publications.

Hoffmann, Ludger (2000): Anapher im Text. In: Brinker, Klaus et al. (Hgg.), 295-304.

Horn, Laurence R. (1996): Presupposition and implicature. In: Lappin, Shalom (Hg.): The handbook of contemporary semantic theory. Oxford: Blackwell, 299-319.

Irmer, Matthias (2011): Bridging inferences: constraining and resolving underspecification in discourse interpretation. Berlin: de Gruyter.

Kamp, Hans/Reyle, Uwe (1993): From discourse to logic. Dordrecht: Kluwer.

Karttunen, Lauri (1969): Pronouns and variables. In: Proceedings of the Fifth Regional Meeting of the CLS, 108-116 (zugänglich über: www.stanford.edu/~laurik/publications/archive, Stand 21.09.12).

Kehler, Andrew (2002): Coherence, reference, and the theory of grammar. Stanford: CSLI Publications.

Kehler, Andrew (2004): Discourse coherence. In: Horn, Laurence/Ward, Gregory (Hgg.): Handbook of Pragmatics. Oxford: Blackwell, 241-265.

Kelter, Stefanie (2003): Mentale Modelle. In: Rickheit, Gert et al. (Hgg.): Psycholinguistik. HSK 24. Berlin/New York: de Gruyter, 505-517.

Klein, Wolfgang/Stutterheim, Christiane von (1987): Quaestio und referentielle Bewegung in Erzählungen. In: Linguistische Berichte 109, 163-183.

Kümmerling-Meibauer, Bettina/Meibauer, Jörg (2007): Linguistik und Literatur. In: Steinbach, Markus et al. (Hgg.): Schnittstellen der germanistischen Linguistik. Stuttgart: Metzler, 257-289.

Lang, Ewald (1991): Koordinierende Konjunktionen. In: Stechow, Arnim von/ Wunderlich, Dieter (Hgg.): Semantik. HSK 6. Berlin/New York: de Gruyter, 597-623.

Levinson, Stephen (2000): Pragmatik. Tübingen: Niemeyer.

Linke, Angelika/Nussbaumer, Markus/Portmann, Paul (2004): Studienbuch Linguistik. Tübingen: Niemeyer.
Mann, William/Thompson, Sandra (1988): Rhetorical structure theory. Towards a theory of text organization. In: Text 8, 243-281.
Mathesius, Vilém (1929): Zur Satzperspektive im modernen Englisch. In: Archiv für das Studium der neueren Sprachen und Literaturen 84, 202-210.
McKoon, Gail/Ratcliff, Roger (1992): Inference during reading. In: Psychological Review 99/3, 440-466.
Meibauer, Jörg (2001): Pragmatik. Eine Einführung. Tübingen: Stauffenburg.
Meibauer, Jörg et al. (2007): Einführung in die germanistische Linguistik. Stuttgart: Metzler.
Meibauer, Jörg (2009): Implicature. In: Mey, Jacob L. (Hg.): Concise Encyclopedia of Pragmatics. Amsterdam: Elsevier, 365-378.
Musan, Renate (2010): Informationsstruktur. Heidelberg: Winter (KEGLI 9).
Pasch, Renate et al. (2003): Handbuch der deutschen Konnektoren. Berlin: de Gruyter.
Pittner, Karin/Berman, Judith ([4]2010): Deutsche Syntax. Tübingen: Narr.
Prince, Ellen (1981): Towards a taxonomy of given/new information. In: Cole, Peter (Hg.): Radical Pragmatics. New York: Academic Press, 223-254.
Rickheit, Gert (1991): Kohärenzprozesse. Opladen: Westdeutscher Verlag.
Rickheit, Gert/Schade, Ulrich (2000): Kohärenz und Kohäsion. In: Brinker, Klaus et al. (Hgg.), 277-283.
Rickheit, Gert/Strohner, Hans (2003): Inferenzen. In: Rickheit, Gert et al. (Hgg.): Psycholinguistik. HSK 24. Berlin: de Gruyter, 275-283.
Roberts, Craige (1996/2012): Information Structure: Towards an integrated formal theory of pragmatics. Erscheint neu in Semantics & Pragmatics 6.
Sanders, Ted/Spooren, Wilbert/Noordman, Leo (1992): Towards a taxonomy of coherence relations. In: Discourse Processes 15, 1-35.
Sandig, Barbara (2006): Textstilistik des Deutschen. Berlin: de Gruyter.
Schwarz, Monika (1997): Anaphern und ihre diversen Antezedenten. In: Dürscheid, Christa et al. (Hgg.): Sprache in Fokus. Tübingen: Niemeyer, 445-455.
Schwarz, Monika (2000): Indirekte Anaphern in Texten. Studien zur domänengebundenen Referenz und Kohärenz im Deutschen. Tübungen: Niemeyer.
Schwarz, Monika (2000a): Textuelle Progression durch Anaphern – Aspekte einer prozeduralen Thema-Rhema-Analyse. In: Linguistische Arbeitsberichte 74, 111-126.
Schwarz, Monika/Chur, Jeannette (2004): Semantik. Tübingen: Narr.
Schwarz-Friesel, Monika (2006): Kohärenz versus Textsinn. Didaktische Facetten einer linguistischen Theorie der textuellen Kontinuität. In: Scherner, Maximilian/Ziegler, Arne (Hgg.): Europäische Studien zur Textlinguistik. Tübingen: Narr, 63-75.
Schwarz-Friesel, Monika (2007): Text- und Gesprächsanalyse. In: Steinbach, Markus et al.: Schnittstellen der germanistischen Linguistik. Stuttgart: Metzler, 219-255.
Schwarz-Friesel, Monika/Consten, Manfred/Marx, Konstanze (2004): Semantische und konzeptuelle Prozesse bei der Verarbeitung von Komplex-Anaphern. In: Pohl, Inge/Konerding, Klaus-Peter (Hgg.): Stabilität und Flexibilität in der Semantik. Frankfurt a.M.: Peter Lang, 67-86.

Searle, John (1969): Speech Acts: An Essay in the Philosophy of Language. London: CUP.
Simons, Mandy et al. (2010): What projects and why. Proceedings of SALT 20, 309-327.
Skirl, Helge/Schwarz-Friesel, Monika (2007): Metapher. Heidelberg: Winter (KEGLI 4).
Spooren, Wilbert (2003): Texte Strukturieren: Textlinguistik. In: Pörings, Ralf/ Schmitz, Ulrich (Hgg.): Sprache und Sprachwissenschaft. Tübingen: Narr, 191-214.
Spooren, Wilbert/Sanders, Ted (2008): The aquisition order of coherence relations. In: Journal of Pragmatics 40, 2003-2026.
Stede, Manfred (2008): Computerlinguistik und Textanalyse. In: Janich, Nina (Hg.): Textlinguistik. 15 Einführungen. Tübingen: Narr, 333-351.
Stutterheim, Christiane von (1997): Einige Prinzipien des Textaufbaus. Tübingen: Niemeyer.
Stutterheim, Christiane von/Klein, Wolfgang (2008): Mündliche Textproduktion: Informationsorganisation in Texten. In: Janich, Nina (Hg.): Textlinguistik. 15 Einführungen. Tübingen: Narr, 217-235.
Szczepaniak, Renata (2009): Grammatikalisierung im Deutschen. Tübingen: Narr.
Taboada, Maite/Mann, William (2006): Rhetorical Structure Theory: looking back and moving ahead. In: Discourse Studies 8/3, 423-459.
Vater, Heinz (1984): Determinantien und Quantoren im Deutschen. In: Zeitschrift für Sprachwissenschaft 3, 19-42.
Vater, Heinz ([3]2001): Einführung in die Textlinguistik. München: Fink.
Vater, Heinz (2005): Referenz-Linguistik. München: Fink.
Walker, Marilyn et al. (Hgg.) (1998): Centering Theory in Discourse, Oxford: Clarendon.
Zifonun, Gisela (2000): Textkonstitutive Funktionen von Tempus, Modus und Genus Verbi. In: Brinker, Klaus et al. (Hgg.), 315-330.
Zifonun, Gisela et al. (Hgg.) (1997): Grammatik der deutschen Sprache. Berlin: de Gruyter.

Glossar

Anapher: Ein Ausdruck (meist eine NP), mit dem ein Sprecher innerhalb eines Textes Bezug zu einem im Text bereits erwähnten Referenten herstellt, d.h. auf diesen erneut Bezug nimmt (direkte A.), oder einen neuen, mit dem erwähnten jedoch verbundenen, Referenten benennt (indirekte A.; Kombinations-A.).

Diskursrelationen (auch **rhetorische Rel. /Kohärenzrelationen**): Inhaltliche Beziehungen zwischen Textsegmenten (i.d.R. einzelnen Propositionen) wie *zeitliche Abfolge*, *Ursache*, *Evidenz* usw. Die Verbindung zweier Segmente kann koordinierend (gleichrangig) oder subordinierend (ein Segment gibt ergänzende Zusatzinformationen zum anderen) sein.

Implikatur (konversationell): Eine (aufhebbare und bekräftigbare) Schlussfolgerung, die nicht zum Gesagten gehört, aber aus dem Gesagten in der konkreten Kommunikationssituation auf Grund des Kooperationsprinzips gemacht werden kann.

Inferenz: Schlussfolgerung, die aus dem Gesagten und/oder dem Weltwissen gezogen wird. Unterschieden werden können die rückwärtigen autorisierten I., die automatisch gemacht werden, und die weltwissensbasierten I., die einen zusätzlichen Interpretationsaufwand erfordern.

Kohärenz: Der dem Text eigene bzw. vom Rezipienten des Texts aktiv hergestellte inhaltliche Zusammenhang im Text. Man unterscheidet zwischen *referenzieller K.* (referenzielle Beziehungen im Text), *relationaler* (oder *lokaler*) *K.*, dem Zusammenhang zwischen zwei benachbarten Sätzen oder Textabschnitten, und *globaler K.*, dem Sinnzusammenhang im Text als Ganzem, z.B. durch eine Quaestio vorgegeben.

Kohäsion: An der sprachlichen Oberfläche signalisierter, formaler Zusammenhang zwischen den Textelementen.

Kohäsionsmittel: Sprachliche Mittel (phonetische, morphologische, lexikalische, syntaktische) zur Herstellung von Kohäsion.

Proposition: Satzinhalt unabhängig vom Tempus und der Illokution.

Präsupposition: Implizite Voraussetzungen für das Gesagte, die auch beim Negieren des Gesagten erhalten bleiben.

Quaestio: Eine meist implizite, seltener explizit gestellte Frage zum Text, die dessen Kohärenz gewährleistet. Die Q. teilt einen Text in die *Hauptstruktur* (= Äußerungen, die die Q. unmittelbar beantworten) vs. *Nebenstruktur* (Kommentare, Zusätze u.Ä., die nicht der Antwort auf die Q. dienen) auf.

Referenz: Bezugnahme auf Außersprachliches mit Hilfe sprachlicher Ausdrücke.

Text: Primäre sprachliche Kommunikationseinheit, i.d.R. aus mehreren Äußerungen bestehend, die vom Autor als kohärent intendiert und vom Leser als kohärent verstanden wird.

TWM: Ein vom Hörer aufgebautes Modell des Texts, in welchem die relationale und die referenzielle Kohärenz inferiert werden.

Sachregister